ARMIN NAGEL
Schöner Warten

ARMIN NAGEL

Schöner WARTEN

*Über den
Umgang
mit einem
unvermeidlichen
Zustand*

Lübbe LIFE

Originalausgabe

Dieses Werk wurde vermittelt durch die Literarische Agentur
Thomas Schlück GmbH, 30161 Hannover.

Copyright © 2023 by Armin Nagel
Bastei Lübbe AG, Schanzenstraße 6 – 20, 51063 Köln

Textredaktion: Valérie Thieme
Umschlaggestaltung: Thomas Krämer nach einem Entwurf von
© Yann Ubbelohde | Illustration: © Yann Ubbelohde
Satz: hanseatenSatz-bremen, Bremen
Gesetzt aus der Bitter Regular
Druck und Verarbeitung: GGP Media GmbH, Pößneck

Printed in Germany
ISBN 978-3-431-07052-1

2   4   5   3   1

Sie finden uns im Internet unter luebbe.de
Bitte beachten Sie auch: lesejury.de

... bitte warten ...

... wir sind gleich für dich da ...

... der nächste freie Warteberater ist
für dich reserviert ...

Schön, dass du hier bist.

Willkommen bei *Schöner Warten*,
deinem Buch über die Kunst des Wartens.

Du hast folgende Optionen:

Du kannst ...

ERWARTEN
Dann wähle die 15

IN SCHLANGEN WARTEN
Dann wähle die 25

WISSENSCHAFTLICH WARTEN
Dann wähle die 43

BEIM ARZT GEMÜTLICH WARTEN
Dann wähle die 61

TELEFONISCH WARTEN
Dann wähle die 69

SEHNSÜCHTIG WARTEN
Dann wähle die 81

INTELLIGENT WARTEN
Dann wähle die 87

ABWARTEN
Dann wähle die 99

WAGEMUTIG WARTEN
Dann wähle die 115

LITERARISCH WARTEN
Dann wähle die 129

KULTURELL WARTEN
Dann wähle die 143

DICH WARTEN
Dann wähle die 157

KREATIV WARTEN
Dann wähle die 165

STILL WARTEN
Dann wähle die 183

SPORTLICH WARTEN
Dann wähle die 201

THEATRAL WARTEN
Dann wähle die 221

KUNSTVOLL WARTEN
Dann wähle die 241

AUF BESSERE ZEITEN WARTEN
Dann wähle die 261

UNENDLICH WARTEN
Dann wähle die 279

Wir alle warten. Auf den Bus, die Bahn, auf bessere Zeiten.

Auf ein freundliches Wort, eine gute Idee, die große Liebe.

71 Jahre wartete Prinz Charles auf die Thronfolge des Vereinigten Königreichs.

112 Minuten wartete die deutsche Fußballnation im WM-Finale von Rio auf das erlösende 1:0.

Bis heute warten Wladimir und Estragon auf Godot.

Obwohl im Warten Hoffnung steckt, wartet niemand gern. Wartezeit empfinden wir oftmals als sinnlose, verlorene Zeit. Wir übersehen, dass Warten eine Kunst ist, ein unerwartetes Geschenk, das uns positiven Freiraum bietet.

In diesem Buch habe ich zahlreiche Warteberater für dich versammelt, die in Gesprächen, Texten und humorvollen Miniaturen ihre Expertise mit dir teilen und die Kunst des Wartens zelebrieren.[1]

---

[1] Dieses Buch ist die Fortsetzung meines Kunstprojektes *Schöner Warten*. Mit meinem Team habe ich eine Telefonhotline eingerichtet, in der du die Kunst des Wartens lernen kannst. Zu bestimmten Zeiten gibt es die Möglichkeit, mit einem persönlichen Warteberater zu sprechen, einem Menschen, der dir in einem echten Gespräch beim Warten hilft. Darunter waren Persönlichkeiten wie Torsten Sträter, Bernhard Hoëcker oder Stefanie Voss. Weitere Informationen findest du auf www.warteberater.de.

Nimm dir Zeit und du wirst erfahren, warum warten schön sein kann und dumm rumsitzen gar nicht mal so blöd ist.

Worauf wartest du?

Er

WARTEN

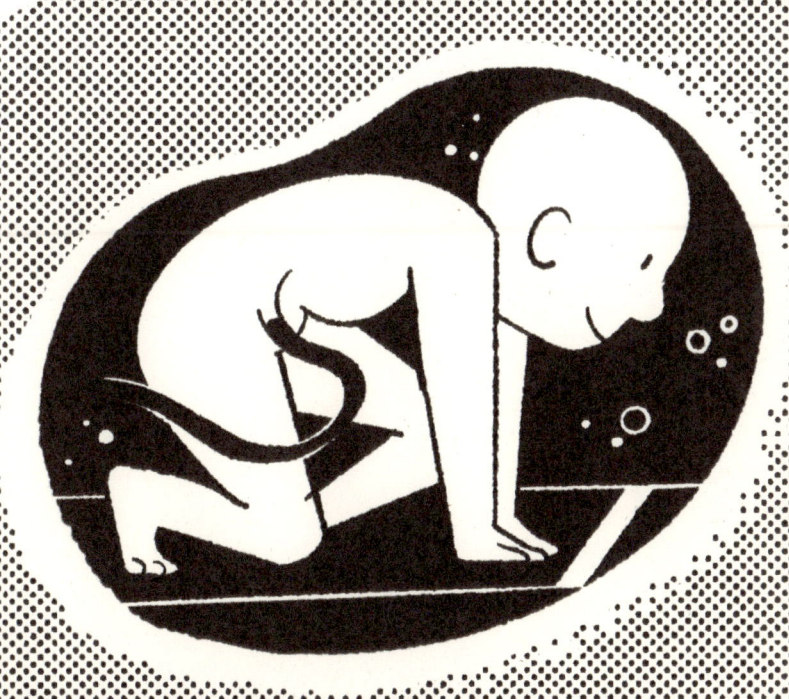

Rom, Donnerstag, 1. September 1960

»Achten Sie auf die Startnummer 263. Deutschlands größte Sprinter-Hoffnung in den Startlöchern. Seit seinem Weltrekord vom 21. Juni im Letzigrund in Zürich ist er der schnellste Mann der Welt. 10,0 Sekunden, handgestoppt. Der Startschuss fällt. Er übernimmt sofort die Führung. Ein Blitzstart, wie erwartet. Die Zuschauer sind auf den Beinen, sie feuern ihn an. Ein physiologisches Wunder, der blonde Blitz ist nicht zu stoppen.

Er trommelt die 100 Meter in 10,2 Sekunden herunter, ein unglaublicher Lauf. Fotofinish, Jubel, Olympiasieg für Armin Hary!«

Freilassing, Montag, 7. Juli 1969

»Klingel irgendwo, das Kind kommt!«
    »Wir sind gleich da.«
    »Bitte schnell, das Kind will raus.«
    Mein Vater gibt Vollgas. Mit Warp-Antrieb schafft er es in letzter Sekunde ins Krankenhaus. Ich hab's eilig. Ein kurzer Blick zurück in Sehnsucht. In Sekundenbruchteilen ziehen die letzten achteinhalb Monate an mir vorbei. Soll ich wirklich gehen? Augen zu und durch. Ich dringe ins Licht, gleite hinaus in die Welt, und schon bin ich da. Ich sehe meine Mutter, begrüße sie ver-

schwitzt mit lautem Geschrei. Mein Vater schießt das Zielfoto. Geschafft! Fotofinish nach acht Monaten und 22 Tagen. Jubel!

Weil ich so schnell war wie der Olympiasieger von Rom, nennen mich meine Eltern Armin.

EIN TELEFONAT MIT ANDREA WEHLING
Warteberaterin, Hebamme

Andrea Wehling arbeitet seit 1984 als freiberufliche Hebamme in Köln. Sie hat *Das Hebammenbuch* herausgegeben, ein Lehrbuch der praktischen Geburtshilfe. Andrea begleitete meine Frau und mich bei der Geburt unseres ersten Kindes.

Wäre eine Welt ohne Warten eine bessere oder eine schlechtere Welt?
Wartezeiten sind Zeiten für Besinnung und Erkenntnis. Bei Geburten, aber auch, wenn jemand stirbt. Das ist ein langsamer Übergang mit intensiven Momenten. Das muss nicht schnell, schnell gehen.

Mein Vater ist über zwölf Stunden lang gestorben, das war eine wichtige Zeit, um zu begreifen, dass er endgültig geht. Je schneller ein Kind auf die Welt kommt, desto länger brauchen die Frauen, um zu realisieren, dass es wirklich da ist.

Welche Fähigkeit ist in deinem Beruf besonders wichtig?

Bis die letzte Phase der Geburt kommt, bin ich als Hebamme nur da, im Hier und Jetzt. Das ist eine Form des Wartens. Das Wichtigste in meinem Beruf ist die Ruhe, Zeit und Geduld zu haben, ganz da zu sein.

Wie gehst du mit der Ungeduld der Menschen um?

Ich mache den Frauen klar, dass sie das Warten aushalten müssen: immer von Tag zu Tag denken, besonders, wenn der errechnete Termin gekommen ist, der etwas Magisches hat. Wenn Freunde ungeduldig anrufen: nicht rangehen, die Leute warten lassen. Auf dem AB reicht ein »Wir melden uns, wenn das Kind da ist«. Kleine Kinder erfordern viel Geduld, und das Warten auf die Geburt ist die erste große Geduldsprobe. Jede Geburt braucht ihre eigene Zeit. Das Credo: von Wehe zu Wehe denken. Es kommt, wie es kommt. Es kommt, wann es kommt.

Was hilft dir beim Warten?

Eine Tasse Tee. Wenn ich merke, das dauert noch, die Frau will aber nicht, dass ich weggehe, dann lege ich mich wo hin, hab das Ohr offen und ruhe, ohne was zu tun. Die innere Einstellung zum Warten ist entscheidend. Es ist nichts Negatives, du musst akzeptieren, dass du gerade nichts Produktives tust. Ich kann selbst entscheiden: Rege ich mich auf, oder bleibe ich gelassen.

Was ist schön am Warten auf die Geburt?
Schwangerschaft bedeutet »guter Hoffnung sein«. Das
spanische »esperar« heißt warten und hoffen. Kinder
zu bekommen ist eine riesige, ambivalente Verände-
rung, die mit Vorfreude und Ungewissheit verbunden
ist. Deshalb musst du frohen Mutes sein.

Und was ist schön an deinem Beruf?
Diese Dankbarkeit, die ich bekomme, teilweise nach 20
Jahren, wenn ich den Leuten, für die ich da war, zufällig
auf der Straße begegne, ist ein großartiges Geschenk.

VORFREUDE
Warteberater Guido Rohm, Autor

Guido Rohm ist Schriftsteller, Künstler und Satiriker. Er schreibt auf Facebook wunderbare humoristische Miniaturen, auf die ich mich regelmäßig freue. Guido lebt, schreibt und wartet in Fulda. In diesem Buch erwartet er dich in mehreren Kapiteln.

»Ich freue mich auf Weihnachten«, sagte Nölberg und setzte sich auf den Schlitten vor seinem Haus. »Weihnachten und Schnee.«

»Wer weiß, ob es schneit«, sagte ich.

»Egal. Ich sitze hier und warte. Darauf kommt es an. Weihnachten selbst interessiert mich nicht. Vollkommen belanglos. Die Vorfreude ist es, auf die kommt es an.«

»Weihnachten feierst du also gar nicht?«

»Nein!« Er sah mich erstaunt an.

»Und was machst du am Weihnachtsabend?«

»Dann freue ich mich bereits auf das nächste Weihnachtsfest.«

»Aha.« Ich nickte, als ob ich es verstanden hätte.

»Hach, was freue ich mich auf Weihnachten.« Er schenkte sich einen Glühwein ein und grinste in die Dämmerung.

SCHÄTZE DIE ZEIT

Drücke auf der Stoppuhr deines Handys den Startbutton.

Schaue eine Minute lang in den Himmel, ohne die Sekunden zu zählen. Drücke auf Stopp, wenn du denkst, dass eine Minute vorüber ist. Schätze die Zeit und lerne, sie wertzuschätzen.

In Schlangen
WARTEN

EIN TELEFONAT MIT URSULA WINTGENS
Warteberaterin, Supermarktchefin

Ursula Wintgens ist Deutschlands lustigste Supermarktchefin. Ich bin Mitglied ihrer Facebook-Fangruppe, wo sie mehrere Tausend Kundinnen und Kunden mit viel Humor bei Laune hält. Sehr gerne warte ich an der Kasse ihres Supermarktes in Bensberg.

Was war dein schönstes Warteerlebnis?
Die Neueröffnung meines alten Marktes, den wir umgebaut und renoviert haben. Du arbeitest auf diesen einen Moment hin. Tag für Tag siehst du, dass es schöner und schöner wird. Die Vorfreude auf die Kunden, dieses Warten auf die eine Sekunde, wenn die ersten Leute hereinspazieren. Wie ist ihre Reaktion? Was werden sie sagen?

Rudi Carell meinte einmal: »Wenn du ein Ass aus dem Ärmel holst, musst du es vorher in den Ärmel hineinstecken.« Mit welchen Assen überrascht ihr eure Kunden beim Warten?
Wenn jemand an der Kasse hustet, bekommt er sofort ein Hustenbonbon überreicht, und wir wünschen gute

Besserung. Am Muttertag haben wir einen Wecker an der Kasse. Immer wenn der klingelt, bekommt eine Mutter eine Blumenampel und die Väter am Vatertag ein Fünf-Liter-Fässchen Bier.

Am Welttag des Schlafes machen wir Videos oder Fotos für unsere Facebook-Fangruppe. Da siehst du, wie die Mitarbeiter schlafend auf dem Kassenband liegen, hinter der Fleischtheke oder in den Regalen. Wir weisen darauf hin, dass es heute beim Bezahlen länger dauern kann, weil alle müde sind.

An euren Kassen habt ihr Ampelmännchen. Warum?
Grün gehen, Rot stehen. Ich fand es langweilig, immer auf diese blöden Zahlen zu gucken, die anzeigen, welche Kasse gerade geöffnet hat. Deshalb haben wir Ampelschaltungen mit alten, nostalgischen Ampelmännchen. Darüber freuen sich unsere Gäste, weil es die Stimmung beim Warten auflockert.

Bei euch im Supermarkt gibt es eine »Stille Stunde«. Was ist das?
Die ist dienstags von 16–18 Uhr. Da schalten wir die Beschallung und einen Teil der Beleuchtung aus, fahren das Piepen an den Kassen runter und verräumen keine Ware. Das ist ein Service für Menschen, die Probleme haben, wenn in ihrer Umwelt zu viel los ist, die sich wohler fühlen, wenn alles leiser ist. Ich selber merke in diesen zwei Stunden, wie angenehm es ist, wenn du ein bisschen runterkommst.

Habt ihr Ideen, an denen ihr gerade arbeitet?

Was uns vorschwebt, ist ein »Plauderbänkle«, eine Bank, die wir im Markt aufstellen, wie so ein kleiner Minitreffpunkt. Da können sich die Leute hinsetzen und plaudern, auch mal eine Stunde mit mir oder dem Bürgermeister.

Wie nutzt ihr Lautsprecherdurchsagen?

Frühmorgens begrüße ich die ersten Kunden mit »Guten Morgen, Sonnenschein« von Nana Mouskouri und abends als Rausschmeißer spielen wir Reinhard Meys »Gute Nacht, Freunde, es wird Zeit für mich zu geh'n«.

Wenn sich an der Kasse ein Stau bildet, rufe ich durchs Mikro Sachen wie »Hallo, Christoph, wo bleibst du? Die Kunden haben nicht mit Übernachtung gebucht!« oder »Wenn du endlich kommst, bring gleich ne Axt mit, die Kundin hat Wurzeln geschlagen!«

Sind Kunden heute ungeduldiger als früher?

Durch Corona sind die Leute geduldiger geworden, das war ein kleiner Erziehungseffekt, weil sie ständig warten mussten.

Fällt dir ein Musiktitel zum Thema Warten ein?

»Sitting in the morning sun« oder »Sitting on the dock of the bay« heißt der Song eigentlich, von Otis Redding. Dieses Mm-Gefühl, wenn du bei gutem Wetter früh aufstehst, draußen den Sonnenaufgang genießt und auf einen schönen Tag wartest.

Und ein Gedicht über das Warten?
»Wartet eine Schlange lange, wird aus ihr 'ne Warteschlange.« Ich glaube, das ist von Paul Maar.

THE HAPPIEST WAITING PLACE ON EARTH
Warteberater Holger Ehrich,
Themenparkexperte

Holger Ehrich ist Film- und Fernsehwissen-
schaftler, künstlerischer Leiter des *Welttheater
der Straße* in Schwerte und eine komische Hälfte
des international tourenden *Duo Diagonal*. Holger liebt Themenparks und versucht mich ständig zu Probefahrten auf den wildesten Achter-
bahnen Europas zu überreden. Ich habe aber nie
Zeit.

17. Juli 1955. Stundenlange Staus auf den Zufahrtstra-
ßen. 28.000 Gäste mäandern in schier endlosen Warteschlangen von den Parkplätzen zum Eingangstor.
Gefälschte Tickets sind im Umlauf. Auf dem Gelände
sinken High Heels in den frischen Asphalt, Toiletten
laufen über, und der volle Raddampfer versinkt fast im
künstlichen Mississippi.

Disneyland hat eine schwere Geburt. Eine Zeitung
verhöhnt den Eröffnungstag des Märchenreichs als
»Black Sunday«.

Trotz des frühen Desasters übertrifft der Erfolg des
neuartigen Themenparks alle Erwartungen. Schnell

avanciert Disneyland zu einem Wallfahrtsort der Popkultur. Die Warteschlangen bleiben. Der heutige Publikumsansturm macht sie unumgänglich. Wartezeiten von über einer Stunde für Attraktionen, die nur wenige Minuten dauern, sind keine Ausnahme. Das Geschäft aber läuft. Die Besuchszahlen steigen kontinuierlich. Kennen die kreativen Macher das alchemistische Geheimnis, wie sie bleiernes Warten in glitzerndes Vergnügen verwandeln?

Die heutigen Themenparks sind »Städte, die eine Stadt imitieren«, stellte Umberto Eco in den 1970er-Jahren treffend fest. Hinter den Kulissen künstlicher Welten und fantastischer Abenteuer sorgt avancierte Technik für ein perfektes Spektakel. Walt Disneys Themenpark-Vision war von einem herkömmlichen Vergnügungspark so weit entfernt wie die Wagnerfestspiele Bayreuth von einer Mallorca-Party.

Ein riesiger Wall um das Gelände sperrt die Realität aus. Über dem Eingangstor prangt das Motto »Here you leave today and enter the world of yesterday, tomorrow and fantasy«. Tritt ein ins Paradies, in eine durchinszenierte, lückenlose Illusion! Erlebe ein Gesamtkunstwerk zwischen Kult und Kitsch!

Im Abenteuerland liegt eine Galeone vor Anker, Piraten schlendern über die Brücken, und die Eingangstüren zu den Toiletten sehen aus, als würden sie in eine jamaikanische Hafenspelunke des 18. Jahrhunderts führen. Der Gast taucht ein in eine Welt der Wunder und spielt die Hauptrolle seines eigenen Films.

Gleichzeitig ist diese Fantasiewelt die Blaupause eines kontrollierten Raumes. Bis zu 50.000 Gäste kommen pro Tag in einen großen Themenpark. Hinter der

Kulisse des Fantastischen sind Besucherführung und Überwachung auf allen Ebenen optimiert und bieten kaum Spielraum für individuelles Ausscheren. Die Gestaltung orientiert sich an den Besucherbedürfnissen und lenkt sie in Bahnen. Sich den Regeln zu widersetzen ist sinnlos: Nur wer sie befolgt, erhält den optimalen Genuss. Wir lassen uns auf den Parkplatz dirigieren, studieren eifrig Zeitpläne, bleiben brav auf dem Gehweg, beachten die Sicherheitsvorschriften, reihen uns ein für ein Foto mit Micky Maus und konsumieren widerstandslos in den unzähligen Geschäften.

Die einzelnen Attraktionen funktionieren wie gigantische Maschinen, die in engem Takt eine Personengruppe nach der nächsten industriell abfertigen. An manchen Stellen steigen die Besucher von einem Laufband in eine fahrende Gondel. Am Ausstieg werden sie wie Charlie Chaplin in »Modern Times« wieder »ausgespuckt«. Im Inneren der Attraktion durchlebt jeder Gast ein aufregendes Abenteuer: Tunnel explodieren, Hotellifte stürzen ab, Raumschiffe fliegen in die falsche Richtung. Inszenierte Systemstörungen, Pannen und Unfälle sorgen für ein scheinbar einmaliges Erlebnis, das sich tausendmal pro Stunde identisch wiederholt.

Auf den ersten Blick entführen Themenparks in fantastische Märchenwelten. In Wahrheit treiben sie die Regulierungen unserer Realität auf die Spitze und verwandeln sie in Genuss. Was im Alltag lästig erscheint, wird hier zum Spektakel. Wir huldigen der Perfektion der Maschine und genießen die Funktionen der Kontrollgesellschaft.

Selbst das Warten wird zum Highlight. Es ist kein Zwang, sondern Teil des Spiels. Nur noch selten schieben sich die Gäste durch ermüdende, labyrinthische Metallgitter. Stattdessen verwandelt sich der lange Weg zum Star-Wars-Flugsimulator in eine immersive Fantasiewelt. Er führt durch einen Flughafen, in dem Arbeits-Droiden einen Sicherheitscheck durchführen, gespickt mit Gags und kleinen Geschichten. Andere Warte-Queues entführen in Höhlen und Tunnel. Hinter jeder Ecke steckt eine neue Überraschung. Die Wartenden bewundern Ausstellungsstücke und ganze Dioramen oder bespielen interaktive Game-Stationen. Die Besucherregulierung verkleidet sich als Spiel und ist Teil der Dramaturgie. Schlangentainment *at its best*.

Kein Wunder, dass sich im Internet zahlreiche Rankings der schönsten Wartebereiche verschiedener Themenparks finden lassen.

Von Disney lernen heißt warten lernen. Rund um die Uhr perfektionieren weltweit unzählige Wissenschaftler und Schlangenforscher das psychologisch getaktete Wartesystem. In den 1990er-Jahren entwickelten sie den »FastPass«: Der Gast zieht wie auf dem Amt eine Wartemarke. Zu einer bestimmten Zeit kann er die gewünschte Attraktion betreten, fast ohne zu warten. Als Disney diesen bürokratischen Vorgang einführte, erhöhte sich die Kundenzufriedenheit, und das Publikum verbrachte mehr Zeit in den Souvenirshops als in der Schlange.

Weil heute immer mehr Gäste kommen, sind die beliebtesten Themenparks überlastet. Bei Wartezeiten von über zwei Stunden und Schlangen, die weit über den inszenierten Wartebereich hinausreichen, ist ein Wendepunkt erreicht, der selbst den hartgesottenen Fans die Freude vermiest.

Andere, virtuelle Lösungen für die Exzesse des Overtourism müssen her. Raffinierte Reservierungssysteme per Smartphone ersetzen den simplen »FastPass«. Wer das Optimum herausholen will, muss den Ausflug besser planen als ein Topmanager eines Weltkonzerns seinen mit Terminen gespickten 36-Stunden-Tag. Das spontane »Sich-treiben-Lassen« wird schwieriger, aber zahlreiche Fans feiern den technischen Fortschritt. An diesem Punkt ist der Themenpark-Besuch endgültig eine Huldigung des Systems.

Selbst ein systemkritisches Kunstprojekt wie der Anti-Vergnügungspark »Dismaland« kam nicht ohne Warteschlangen aus. Im Herbst 2015 hatte der Street-Art Künstler Banksy in Weston-Super-Mare den trostlosesten Themenpark der Welt eröffnet. Er war ausdrücklich nicht für Kinder gedacht. Das Set umfasste 58 Kunstwerke unter anderem von Damien Hirst und Jenny Holzer. Traurig aussehende, unmotivierte Parkangestellte hielten in derangierten Kulissen schwarze Luftballons in der Hand. Die Cinderella-Kutsche war zerstört, und in einem Boot saßen Flüchtlinge statt Piraten. Überall brach die traurige Realität in die perfekte Fassade des Fantastischen ein. Übrig blieb der entblößte, kontrollierte Raum ohne Zuckerguss. Die Tickets waren extrem begehrt. Es gab lange Wartezeiten bei der Onlinereservierung. Journalisten spekulierten, dies sei Teil des Konzepts.

Themenparks ohne Warteschlangen sind unvorstellbar. Sie wären Geisterstädte, in der die magische Stimmung in surreale Tristesse umschlägt. Also anstellen! Einsteigen! Sicherheitsbügel schließen! Und ab geht die Fahrt in eine magische Welt, die Alltägliches wie das Warten in etwas Wunderbares verwandelt!

SCHÖNE BESCHERUNG
Warteberater Thomas Poppe, Autor

Thomas Poppe arbeitete als freier Autor für TV-Formate wie die *ZDF Heute Show*, *Late Night Berlin* oder das *Neo Magazin Royale*. Er ist Kolumnist und schreibt für das satirische Fußballmagazin *FUMS*. Im Winter trainiert er seine Geduld auf dem Weihnachtsmarkt.

Weihnachten steht vor der Tür. Und ich stehe in einer ganz schön langen Menschenreihe an der Bratwurstbude. Das Sprichwort »Stell dich nicht so an« muss es wegen der Warteschlangen an den Ständen deutscher Weihnachtsmärkte geben: Der Herr ganz vorne hält vier Glühwein in der Hand. Macht Sinn, noch vier Bratwürste zu bestellen. Während eine Bedienung auf dem Oktoberfest zehn Maßkrüge gleichzeitig stemmt und lächelt, als käme sie vom Wellness aus der Therme in Erding, wirkt das bei unserem Freund wie Mr. Bean im Restaurant. In seinem Fall werden es zwei Brötchen nie in einen Magen schaffen. Und weil du mit vier Glühwein in zwei Händen alles tun solltest, nur keine fallenden Bratwürste fangen, sind am Ende Theke und Typ versaut.

Nach dem armen Hanswurst kommt ein kleiner Junge dran. Er bestellt eine Bratwurst für 3,30 Euro, hat vom Papa aber nur 3,00 Euro in die Hand bekommen. Die freundliche Wurst-Wenderin würde gerne »Komm, passt schon« sagen, aber am Ende stimmt die Kasse nicht. Lange überlegt sie hin und her, bis der Mann hinter dem Kind das Restgeld übernimmt. Advent, Advent – hier, 30 Cent! Der kleine Junge dankt es ihm auf seine Art. Mit der Überkopf-Ketchup-Spender-Station macht er ein weihnachtlich-rotes Tomatenmassaker, wie es Uwe Boll in seinen schlechtesten Filmen nicht schöner inszeniert hätte. Der Retter nimmt sich 20 Servietten und viel Zeit, um den Angriff der Killertomaten von seiner Jacke zu schrubben. Er bestellt, zahlt, geht. Geht doch. Gehen ist beim nächsten Kandidaten das Problem. Bei ihm geht gar nichts mehr, so voll ist er. »Sweimasück« sagt er. Fragezeichen über dem Kopf der Wurstfee. »Swei-ma-sück«, wird der Dichtbert langsam lauter und klopft mit seinen beiden leeren Bechern auf die Theke. Der Herr hinter ihm greift ein, bittet ihn zu gehen. »Sweimasück«-sagend, zieht Rudolph mit der roten Schnapsnase wankend davon.

Der nächste Kunde bestellt »Zehnmal Bratwurst, elf Rindswürste, acht Nürnberger, vier Krakauer, zwölf Vegane mit Sauce, acht ohne, zwei mit ohne alles, aber scharf«. Er ist der Reiseleiter einer amerikanischen Touristengruppe und gibt die Sammelbestellung für den Bus auf – samt Extrawürsten.

Nach 40 Minuten kommt das Pärchen zwei Plätze vor mir dran. 40 Minuten! In dieser Zeit werden Kinder gezeugt, geboren und eingeschult. 40 Minuten sind fast eine ganze Halbzeit beim Fußball. Und was machen die zwei vor mir nach geschlagenen 40 Minuten Schlange-stehen, als sie endlich dran sind? Sie besprechen sich fünf Minuten lang, wer was isst. Am Ende entscheiden sie sich doch. Für den Crêpe-Stand nebenan.

Nur noch zwei Mädels vor und 45 Minuten Wartezeit hinter mir. Ständig die Würste im Blick und den Geruch in der Nase. Ich muss an Frodo denken. So muss er sich mit dem Ring gefühlt haben, den er bei sich trug, aber nie auf den Finger stecken durfte. Bin ich der Hobbit? Die Bratwurst mein Ring? Und ist die Sauce süß oder Sauron? Warum überhaupt habe ich *Herr der Ringe* nicht dabei? Ich hätte locker 500 Seiten lesen können, während ich hier warte.

Mädel A fällt ein, dass sie Tim nicht gefragt hat, ob er auch eine Wurst will. Sie geht schnell los, um das zu klä-ren. Mädel B schaut nochmal kurz auf die Speisekarte, die seit knapp einer Stunde direkt vor ihrer Nase steht. Sechs verschiedene Würste gibt es. Hinter der Theke zwei Grillflächen, eine Kasse, Servietten. Sie fragt: »Habt ihr auch Pommes?«

»Ne, Pommeshamwanich.«

»Dann nehm ich nix, aber vielleicht ja der Tim, Mo-ment bitte!«

Also warten wir zwei Minuten auf die Freundin:

»Tim will ne Portion Pommes«, ruft diese und blickt erwartungsschwanger die arme Frau auf der Grill-Seite an. »Ham die hier nicht«, sagt Petra Pommes empört und bekommt ein solidarisches »Ne, dann mag ich auch nichts«. Die beleidigten Leberwürste verdrücken sich.

Ist es möglich? Ich bin dran! »Was soll jetzt noch pas-sieren«, denke ich mir. Ich drehe mich um, schließe die Rückkehr der Killertomaten aus, und als ich gerade zur

Bestellung ansetzen will, nehme ich im Augenwinkel eine andere Bedrohung wahr. »Sweimasück«, schallt es in mein Ohr. Er ist wieder da. Dichter als Schiller steht er neben mir und neben sich. Ein Mix aus Verzweiflung und Wut. »Sweimasück.« Da kommt mir der Geistesblitz. »Zweimal zurück« meint er. Er will seine beiden Glühwein-Becher abgeben! Am falschen Stand. »Ich hab's«, rufe ich der Verkäuferin zu. Aber mein Hirn schaltet in den Pointen-Modus, und ich sage: »Der will bestimmt Pommes!«

Die Wurstfee nimmt es mit Humor. Und während sie mir endlich meine heiß ersehnte Bratwurst mit Senf fertig macht, beugt sich der Dichtbert über die Theke, sagt ein letztes Mal »Sweimasück« und übergibt sich auf den Bratwurstgrill, ehe er umkippt.

Schöne Bescherung. Ich rufe den Rettungswagen, die Zeit steht still ... Miss Wurst schaut mir tief in die Augen. Für einen kurzen Moment spüre ich unsere innige Verbundenheit. Das Erlebte hat uns zu Gefährten gemacht, für immer vereint. Ich glaube, dies ist der Beginn einer wunderbaren Freundschaft. Ihr Blick geht nach links auf den kleineren Grill. Sie nimmt ihre Zange, packt sich eine unversehrte Wurst und sagt: »Ne Vegane hätte ich noch. Geht aufs Haus!« Jetzt is' auch wurscht, denk ich mir und greife beherzt zu. Und während eine peruanische Straßencombo auf ihren Panflöten »Ihr Kinderlein kommet« spielt und die amerikanische Reisegruppe glücklich mit ihren 134 Extrawürsten an uns vorbeimarschiert, verlasse ich die Schlange und gehe zufrieden nach Hause.

▷ Übung

ZEIT SCHENKEN

Reihe dich bei deinem nächsten Besuch im Supermarkt mit einem Einkaufskorb in die Warteschlange ein. Drehe dich kurz vor dem Kassenband um und sage zur Person hinter dir: »Ich habe Zeit. Darf ich Sie vorlassen?«

Wiederhole die Übung so lange, bis du ganz am Ende der Schlange stehst. Führe diese Übung nur durch, wenn du ohne Einkaufswagen unterwegs bist. Beim Zurückrangieren könnte es in der engen Kassengasse zu logistischen Komplikationen kommen, die die gelassene, meditative Atmosphäre der Übung zerstören.

Wissenschaftlich
WARTEN

»Eins, zwei oder drei? Du musst dich entscheiden, drei Felder sind frei. Plopp – Plopp das heißt Stopp, nur noch einen Hopp, dann bleibt es dabei! Eins – zwei – oder ...«

In allerletzter Sekunde springt eine wartende Mutter mit Kind auf die mit der Nummer drei beschriftete Kunstrasenmatte, die an der Haltestelle Bonner Wall auf dem Boden liegt. »Ob ihr recht habt oder nicht, sagt euch jetzt das Licht«, ruft eine grinsende junge Frau in ihr Kabelmikro. Sie scheint die Show-Moderatorin zu sein. Auf dem Namensschild am Revers ihres Mantels steht »Michaela Schanze«. Eine an der Haltestelle installierte Discolampe leuchtet. »Die Drei ist richtig. Gratulation!« Die zwei Gewinnerinnen erhalten ein paar Süßigkeiten. Jetzt leuchten auch die Kinderaugen. Auf in die nächste Runde:

»Was bedeutet KVB?

1. Kölner Verkehrsbetriebe?

2. Krankenversorgung von Bahnbeamten?

3. Kölner Verspätungsbetriebe?«

Schön, die Moderatorin hat alles im Griff. Beruhigt spaziere ich in Richtung Rheinufer.

An einer großen Ampel mit Verkehrsinsel wird es gerade rot, einige Fußgänger bleiben stehen. Auf beiden Straßenseiten sprechen mehrere Leute mit Pappschildern in der Hand die wartenden Passanten an. Darauf erkenne ich verschiedene Symbole: eine Schere, einen Papierknäuel, einen Stein. Ein junger Mann mit Trillerpfeife steht auf der Verkehrsinsel. Er gibt ein Startzeichen und ruft »Schnick, Schnack, Schnuck!« Zwei Passanten, die sich auf der linken und rechten Straßenseite gegenüberstehen, reißen je ein Schild hoch. Schere schlägt Papier. Die Frau links gewinnt die erste Runde. Ich freue mich: Die Aktion funktioniert.

Jetzt zurück zum Chlodwigplatz. An der Straßenbahnhaltestelle haben es sich drei Studentinnen an einem alten Holztisch gemütlich gemacht, mit Tischdeckchen, einem kleinen Transistorradio und jazziger Musik. Direkt daneben hängt ein Plakat: »Keine Lust, zu warten? Dann spiele mit uns Karten!« Eine ältere Dame beömmelt sich, nimmt Platz und steigt in eine Runde Mau-Mau ein. Ein paar Meter weiter stehen zahlreiche Passanten vor einer großen weißen Leinwand und spielen mit Filzstiften mehrere Runden Tic Tac Toe. Alle grinsen. Ich bin stolz auf meine Studis. Eine Woche lang haben sie in meinem Praxis-Seminar »Service darf Spaß machen« an der Köln International School of Design außergewöhnliche Warteservices entwickelt. Heute präsentieren sie ihre Service-Design-Ergebnisse im öffentlichen Raum. Wartewissenschaft kann schön sein!

EIN TELEFONAT MIT BIRGIT MAGER
Warteberaterin, Professorin für Service Design

Prof. Dr. Birgit Mager hat seit 1995 das Lehrge-
biet für Service Design an der Köln International
School of Design der Technischen Hochschule
Köln aufgebaut. Mit ihren Projekten, Vorträgen
und Publikationen hat sie Service Design natio-
nal und international verankert. Sie ist Gründerin und Präsidentin des internationalen Service
Design Netzwerks. Ich durfte an ihrem Institut
zwei Lehraufträge durchführen, in denen die
Studierenden humorvolle Services entwickelten.

Was versteht man unter Wartewissenschaft?
Das ist eine stark zahlengetriebene Wissenschaft, die
das Warten erforscht und Warteschlangensysteme
entwickelt. Wartende Menschen finden es gerechter,
wenn du sie von einem zentralen Punkt auf den nächsten freien Schalter leitest. Damit ersparst du ihnen den
Stress, in der langsamsten Schlange zu stehen. Es gibt
Wartemarken, mit denen du aufgerufen wirst, oder
Buzzer mit Lämpchen, die blinken, wenn das Essen fer-

tig ist. Die altmodischste Art, Wartezeit zu gestalten, ist die, in fünf Schlangen nebeneinanderzustehen.

Warum ist Warten in der Wissenschaft wichtig?

Wir können den Heureka-Moment nicht erzwingen. Du kannst fleißig sein, dich in deine Forschungsarbeit stürzen, aber es braucht diese Inkubationszeit, bis ein Knoten platzt und sich etwas neu darstellt. Das passiert nicht durch Druck, sondern durch Zurücktreten, Loslassen und Abwarten.

Warum ist Warten ein wichtiges Servicethema?

Dienstleistungen sind zeitliche Prozesse. Wo ein Serviceanbieter mit einem Kunden in Kontakt ist, entstehen automatisch Zwischenräume. Manchmal sind sie gut, manchmal zu lang und unangenehm. Die Frage ist, wie kann ich als Service-Designer die Reise des Kunden gestalten, dass es im Prozess genügend dramaturgische Momente gibt, die ihn positiv gespannt halten?

Was kann ich als Service-Designer von der Kunst lernen?

Service-Design ist eine Choreografie von Menschen, Technologien und Prozessen. Das ist ästhetisch, kunstvoll, ein Tanz durch Zeit und Raum, der im besten Fall überraschende Momente hat.

Ein Beispiel?

In guten Restaurants wird das Warten bereits zelebriert, wenn du das Lokal betrittst. Bei der Begrüßung beginnt die Servicedramaturgie. Du wirst an den Tisch gebracht. Der Kellner serviert die ersten Stückchen Brot mit Olivenöl, kleine Momente des Genusses deuten sich an, aber der Höhepunkt liegt in der Zukunft. Wir haben kulturell gelernt, das Warten zu feiern. Die Adventszeit zum Beispiel ist eine gestaltete Wartezeit: Das erste Kerzchen brennt, eine Woche später das zweite, dritte, vierte, eine Choreografie des Wartens, die auf eine Krönung hinausläuft.

Spielen Luxusanbieter mit Wartemomenten?
Ja, sie setzen das gezielt ein, zum Beispiel Hermès.

Deren Handtaschen sind erst nach zwei bis drei Jahren lieferbar. Oder Rolex-Uhren: Da gibt es Modelle, auf die du bis zu 20 Jahre warten musst. Das ist eine Verknappung, die zu einer höheren Wertschätzung dessen führt, was du haben willst, um diesen Spannungsbogen durch Warten zu gestalten.

Fällt dir ein außergewöhnliches Warteprojekt ein, an dem du beteiligt warst?
Einmal haben wir versucht, wartende Menschen an einer Straßenbahnhaltestelle zu motivieren, mit uns in der siebenminütigen Wartezeit zu Fuß zur nächsten Haltestelle zu gehen, anstatt dumm rumzustehen. Das haben wir inszeniert: Es gab jemanden, der ein Schild trug wie auf einer Demo, und einen langen Gänsemarsch von Leuten, die von einer Haltestelle zur nächsten spazierten. Leider haben es die Kölner Verkehrsbetriebe abgelehnt, unsere sportliche Idee mit Hinweisschildern zu etablieren. Die wollten lieber, dass die Leute weiter warten und Bahn fahren, anstatt sich zu bewegen.

Wie gehst du mit Wartesituationen um?

Eingeplante Wartesituationen wie beim Fliegen, wo ich zwei Stunden am Flughafen bin, finde ich schön und inspirierend, das ist geschenkte Zeit, in der ich dem Zufall mehr Raum gebe, die Gedanken schweifen lasse.

Unangenehm ist unerwartetes Warten. Neulich wollte ich beim Einwohnermeldeamt meinen Personalausweis abholen. Da war eine extrem lange Schlange. Die hab ich mir kurz angeguckt und bin sofort gegangen. Ich kenne mich gut genug, ich wäre wahnsinnig geworden.

Kannst du dich an ein Ereignis erinnern, bei dem Abwarten strategisch besser gewesen wäre?

An viele, weil ich oft zu schnell reagiere. Ich bekomme eine E-Mail von irgendeiner Verwaltung, die mich mit irgendwelchen irrationalen Regeln drangsaliert. Ich explodiere, ärgere mich schwarz und antworte sofort. Nachher denk ich mir: »Mensch, hätte ich besser ein bisschen gewartet.«

Du musst mehrere Stunden auf einen Bus warten. Mit wem würdest du diese Zeit verbringen?

Ich würde gerne mit Hannah Arendt an der Bushaltestelle warten. Aber ich glaube, die kann ich nicht mehr überzeugen mitzureisen.

Eine Filmszene zum Thema Warten?

Spiel mir das Lied vom Tod – die Szene am Anfang, wo die drei Revolvermänner am Bahnsteig sitzen und warten, dass der Zug eintrifft. Da passiert knapp zehn Minuten fast nichts und doch so viel. Das musst du als Zuschauer aushalten, dass da Leute sitzen, die sich mal ein bisschen an der Hutkrempe schnippen, eine Fliege von der Nase verscheuchen oder die Finger knacken lassen. Ansonsten Schweigen. Die Hitze, du hörst sie glühen – eine großartige Warteszene, wahnsinnig intensiv.

Ein Musiktitel zum Thema Warten?
»Warum rufst du mich nicht an?
Ich sitze hier im halben Wahn
Du hast gesagt, du meldest dich
Warum tust du's nicht?«
Von Ideal, das ist ein Lied über Warten.

Dein Zug fällt aus, du musst eine Stunde auf den Anschluss warten. Was machst du in der Wartezeit?
Auf Reisen habe ich einen Zeichenblock dabei. Es gibt von mir eine Serie, die heißt Schoß-Bilder, weil die aus der Hand auf dem Schoß entstehen, und das passiert oft beim Warten. Ich habe einen roten Koffer, der ist häufig auf diesen Bildern. Wenn ich den nicht dabeihabe, zeichne ich das, was ich sehe: die Rücksitze der Reihe vor mir oder einen Mantel, der an einer Garderobe hängt und wartet, dass jemand ihn abholt.

Wäre eine Welt ohne Warten, eine bessere oder eine schlechtere Welt?
Eine schlechtere Welt. Durch das Warten entstehen Zeit-Zwischenräume, die mehr Chance als Störung sind. Ich als ungeduldiger Mensch kann aus ganzem Herzen sagen: Warten ist wie das Sandkorn, das in der Auster zur Perle wird.

Hast du als Warteberaterin einen ultimativen Warte-tipp?
Nimm das Warten als Geschenk, mach eine schöne große Schleife drum, und packe die Zeit aus, die dir geschenkt wurde.

Welche Abwesenheitsnotiz würdest du kurz vor deinem Tod einrichten?
Auf unabsehbare Zeit sphärisch unterwegs.

PSYCHOLOGIE DES WARTENS

»Warum lande immer ich in der langsamsten Warteschlange?«, lautet eine der großen Fragen der Menschheitsgeschichte. In seinem Buch *Why does the other line always move faster*[2] versucht der amerikanisch-rumänische Autor David Andrews, dieses Rätsel zu lösen. Er beschäftigt sich darin mit den Thesen wichtiger Warte-Experten wie den amerikanischen Wirtschaftsprofessoren David Maister und Dick Larson (Spitzname: »Dr. Queue«) oder dem Mathematiker Dan Meyer. Hier sind die spannendsten Erkenntnisse zur Psychologie des Wartens:

1. Die Wartezeit vergeht schneller, wenn wir uns beschäftigen.

Ablenkung ist der Schlüssel, um schlechte Laune in der Schlange zu vermeiden. Wartende wollen etwas tun, und sei es das Ausfüllen eines Anmeldeformulars in der Arztpraxis.

Am Flughafen von Houston nahmen die Beschwer-

---

[2] David Andrews, *Why does the other line always move faster*, Workman Publishing Company, New York, 2015

den über lange Wartezeit auf das Gepäck durch einen simplen Trick ab: Das Management verlängerte den Gehweg vom Flugzeug-Terminal zur Gepäckausgabe-stelle um die sechsfache Strecke.

2. Unsicherheit verlängert die gefühlte Wartezeit.
In Warteschlangen fühlen wir uns ausgeliefert und empfinden Kontrollverlust. Im schlimmsten Fall wis-sen wir nicht, wie lange wir noch warten oder ob andere schneller dran sind. Deshalb ist es gut, wenn Unterneh-men für klare Ansagen sorgen. In den Disney-Parks sind die Besucher genauestens darüber informiert, wie lange es noch bis zum Einlass dauert. Die kommuni-zierte Wartezeit ist bewusst höher. So freuen sich die Gäste am Ende, dass es schneller ging als befürchtet.

3. Warteschlangen brauchen einen Startpunkt.
Wartende wollen wissen, ab wann sie warten. Nach ei-nem klaren Check-in sind wir sicher, dass wir ein regis-trierter Teil des Systems sind, und warten entspannter.

4. Wer weiß, warum er wartet, wartet ausdauernder.
Wenn möglich, sollten Unternehmen nachvollziehbare Gründe für die Wartezeit kommunizieren. Zum Beispiel so: »Werte Fahrgäste, hier spricht Ihr neuer Lokführer. Ich bin 20 Minuten zu spät. Dafür gibt es einen Grund: Ich kam mit der Bahn.«[3]

---

[3]   Gefunden auf Twitter, @BahnAnsagen vom 5. 2. 2023

5. Ungerechtigkeit beim Warten frustriert.

Wir mögen es nicht, wenn sich jemand vordrängelt oder der Kellner den Nachbartisch schneller bedient, obwohl die Gäste später kamen.

6. Je wertvoller das Warteziel ist, desto ausdauernder sind die Wartenden.

Als George Lucas 1999 mit *The Phantom Menace* (»Die dunkle Bedrohung«) den ersten Star-Wars-Film nach 16 Jahren herausbrachte, kampierten Fans weltweit vor den Kinos. Menschen finden das Warten weniger schlimm und zelebrieren es, wenn sie auf etwas Außergewöhnliches und Wichtiges warten.

7. Als Gruppe zu warten ist angenehmer als allein.

Geteiltes Leid ist halbes Leid. Im besten Fall entstehen in langen Warteschlangen kleine Gruppen, die sich gegenseitig helfen, das Unerträgliche zu ertragen.

8. Männer sind ungeduldiger als Frauen und brechen das Warten eher ab.

Forschungsergebnisse der Universität Surrey beweisen: Männer halten das Warten nicht so lange aus wie Frauen. In Schlangen mit vielen Männern wartest du kürzer als in Schlangen mit vielen Frauen, da Männer eher bereit sind, ihren Platz in der Schlange aufzugeben.

9. Wenige Menschen mit großem Einkauf kommen an der Kasse schneller voran als viele Menschen mit kleinem Einkauf.

Nicht die Anzahl der eingekauften Produkte am Fließband, sondern die Anzahl der Personen in der Schlange erhöht die Wartezeit. Expressabfertigungen mit wenigen Teilen sind nicht zwingend schneller. Der Mathematiker Dan Meyer fand heraus, dass eine zusätzliche Person in einer Supermarktschlange die Wartezeit um 48 Sekunden erhöht. Ein einzelnes Produkt verlängert sie um 2,8 Sekunden.

10. Schlangen auf der linken Seite sind kürzer als Schlangen auf der rechten Seite.

90 Prozent der Menschen sind Rechtshänder und reihen sich tendenziell rechts ein, was dort für längere Schlangen sorgt.

11. Oft hilft der gesunde Menschenverstand.

Die kürzeste Schlange ist meist die schnellste.

WER HAT ANGST VORM WARTEN?
Warteberater Dr. Marc Wittmann, Zeitforscher

Dr. Marc Wittmann ist Psychologe und Hirnforscher am Institut für Grenzgebiete der Psychologie und Psychohygiene in Freiburg. Er ist Autor der Bücher *Gefühlte Zeit* und *Wenn die Zeit stehen bleibt*. Während meiner *Schöner Warten*-Telefonaktion im Sommer 2020 war Marc der allererste telefonische Warteberater.

Sonntagnachmittag. Ich bin allein, und mir ist langweilig. Ich spüre eine unangenehme Nähe zu mir selbst, ich weiß nicht, was ich mit mir anfangen soll. Langeweile heißt, dass die Zeit mich gefangen hält. Sie vergeht langsam und dehnt sich wie ein Kaugummi. Langeweile ist eine gesunde emotionale Reaktion, sie führt dazu, dass ich Aktivitäten, die ich nicht mag, vermeide oder aufgebe. Das Problem ist, dass ich mich an diesem Sonntagnachmittag nicht selbst vermeiden kann. Sogar der Gedanke, ins Kino zu gehen oder mich mit Freunden zu treffen, ist nicht verlockend. So unangenehm es sein mag, in einem Zustand der Langeweile und der damit verbundenen extremen Zeiterfahrung kommen wir uns am nächsten. Aber reagieren wir alle auf die gleiche Weise, wenn wir warten?

Im Rahmen einer Studie haben wir Menschen mehrere Minuten lang ohne Möglichkeit zur Ablenkung warten lassen: Als Teil ihrer Bachelor-Arbeit schloss Tijana Jokic 82 Personen nacheinander für je 7,5 Minuten in einen Raum ein.

Mit ihrer Untersuchung hat sie eine reale Wartesituation geschaffen. Zuvor wurden die Teilnehmer gebeten, ihre elektronischen Geräte und Uhren sowie Taschen mit ablenkendem Material an die Forscherin abzugeben. Außerdem mussten sie Fragebögen zur Bewertung von Persönlichkeitsmerkmalen ausfüllen. Wir wollten später herausfinden, wie unterschiedlich Menschen das Warten erleben.

Die Teilnehmer, die den Raum betraten, sollten sich hinsetzen und warten, bis die Forscherin zurückkam. Sie müsse in einem Nebenraum einen computergestützten Test vorbereiten. Der Raum war klein, er enthielt einen Schreibtisch und einen Stuhl, aber keine Uhr.

Nach 7,5 Minuten kam die Ausbilderin zurück und bat die Teilnehmer, ihre subjektiven Eindrücke in Bezug auf das Zeiterleben und die affektiven Reaktionen während der Wartezeit zu schildern.

Die Ergebnisse der Studie wurden in der Zeitschrift *Timing & Time Perception* veröffentlicht:

1. Die Wartenden schätzten die Wartezeit umso länger ein, je erregter und unentspannter sie waren und je negativer sie die Zeit erlebten.

2. Teilnehmer, die laut Fragebogen impulsiver waren, ertrugen die Wartezeit weniger entspannt und überschätzten die Dauer.

Diese Zusammenhänge zwischen Emotion und Zeit sowie Persönlichkeitsmerkmalen und subjektivem Erleben sind nicht überraschend, aber zum ersten Mal haben wir sie in einer realen Wartesituation nachgewiesen.

Während des Wartens achteten die Menschen mehr auf die Zeit. Dies war der Fall, weil sich die Wartesituation ungewiss anfühlte. Es war unklar, wie lange sie dauern würde.

Wenn wir uns mehr mit der Zeit beschäftigen, haben wir das Gefühl, sie vergehe langsamer. Das ist der Effekt der Langeweile auf die Zeit.

Personen, die impulsiver waren, fühlten sich stärker gereizt und überschätzten die Zeit noch mehr. Impulsive Menschen wollen Dinge früher haben als später. Ihnen fällt es schwer, ruhig zu sitzen und zu warten, bis etwas passiert. Und sie fühlen sich schneller in der Zeit gefangen, wenn nichts geschieht.

Mit unserer Versuchsanordnung haben wir eine natürliche Wartesituation geschaffen, die dem Warten auf einen Termin in einer Arztpraxis ähnelt. In Zukunft können wir mit diesem Studiendesign untersuchen, welche Faktoren zu einer entspannten Wartesituation beitragen, und bewerten, welche Warteumgebungen mehr oder weniger angenehm sind.

Zum Beispiel ist bekannt, dass grüne Farben im Gegensatz zu roten für mehr Entspannung sorgen. Zimmer mit Aussicht und einer Perspektive, an der wir uns orientieren, schaffen eine gefühlte Weite, die uns zum Schweifen der Gedanken führt: Zeit vergeht schneller. Am besten entkommen wir der Langeweile in Gesellschaft anderer Menschen. Die Zeit vergeht wie im Flug, wenn wir mit Freunden Spaß haben.

Was aber, wenn wir in eine Wartesituation ohne angenehme Ablenkung geraten? Asiatische Meditations-
techniken sind in der westlichen Gesellschaft zuneh-
mend beliebter. Sie unterstützen uns, mit leerer Zeit
achtsam umzugehen. Ein geübter Meditierender lernt,
ein Zeitintervall von einer Stunde oder länger ohne Ablenkung zu erleben, im gegenwärtigen Moment zu sein
und diesen Zustand zu akzeptieren.

Menschen, die diese Fähigkeit nicht lernen wollen,
können sich durch einen Moment der »kognitiven Um-
strukturierung« darin üben, die Wartezeit zu genießen.
In unserem hektischen Leben beklagen wir uns oft darüber, dass wir nicht genug Zeit für uns zur Verfügung
haben. Jetzt, in der Schlange im Supermarkt, denk daran: Schau nicht auf dein Smartphone und entspanne
dich. Ein paar wenige Minuten lang hast du Zeit für dich.
Das mag am Anfang eine befremdliche Übung sein.
Aber mit Routine wirst du spüren, wie du gelassener
wirst. Genieße die ruhigen Minuten, und sinniere über
das Vergangene nach oder darüber, was du als Nächstes machen willst.

Beim Arzt
gemütlich
WARTEN

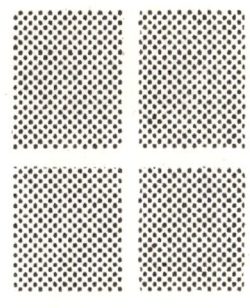

Ein Forscherteam unter der Leitung des neuseeländischen Professors Bruce Arroll hat für eine Studie[4] die Langfingermentalität von Wartenden und den Materialschwund in Arztwartezimmern genauer unter die Lupe genommen. Im Warteraum einer Arztpraxis in Auckland wurden 87 Magazine in drei gemischten Stapeln ausgelegt. Darunter waren seriöse Zeitschriften wie das *Time Magazine*, Boulevardpresse und Klatschmagazine.

Die Forscher fragten sich:

1. Wie viele Zeitschriften verschwinden insgesamt?

2. Verschwinden aktuelle Zeitschriften häufiger als ältere Zeitschriften?

3. Ist Qualitätspresse gefährdeter als Boulevardpresse?

Am Ende des vierwöchigen Experiments waren knapp die Hälfte aller ausgelegten Hefte weg, und zwar fast ausschließlich die neueren Exemplare. Der tägliche Verlust betrug 1,32 Stück. Die Wahrscheinlichkeit, dass Qualitätspresse überlebte, war deutlich höher: Alle Ausgaben des *Time Magazine* waren zum Schluss noch vorhanden. Die aktuellen Klatschtitel mit mehr als fünf Prominenten auf dem Cover gingen weg wie Botox auf

---

4 »An exploration of the basis for patient complaints about the oldness of magazines in practice waiting rooms: cohort study« (BMJ, 11.12.2014)

der Schönheitsfarm: Am Ende des Monats war nur noch ein Heft übrig.

Fazit: Arztpraxen legen nicht absichtlich alte Magazine aus, sondern die neuen verschwinden. Um Verluste zu minimieren, sollten Ärzte in ihren Wartezimmern nur noch uralte Qualitätspresse zum Lesen anbieten. Oder am besten gleich hochwertige, anspruchsvolle Bücher, wie dieses hier.

EIN TELEFONAT MIT YEVGENI VIKTOROV
Warteberater, Zahnarzt

Dr. Yevgeni Viktorov ist Master of Science für Parodontologie und Implantologie und zertifizierter Spezialist für Parodontologie der DGParo. 2013 gründete er mit Sebastian Zorn und Alexander Planert die Zahnarztpraxis *Leipziger14 – Ihre Zahnärzte* in Berlin. Ihr Konzept des literarischen Wartezimmers hat mich so begeistert, dass ich Yevgeni unbedingt als Warteberater gewinnen wollte. Schön, dass es geklappt hat.

Was unterscheidet euer Wartezimmer von einem klassischen Wartezimmer?

Unser Wartezimmer ist alles, nur kein »typisches« Wartezimmer. Wir haben uns von den kleinen »stylischen« Lobbys moderner Hotels inspirieren lassen: Schlichter Marmor und Nussbaumholz machen den Wartebereich gemütlich und elegant, ohne dass es schwer oder pompös wirkt. Diese entspannte, holzige Note zieht sich in das Innere der Praxis bis in die Behandlungszimmer, wo eine Nussbaumwand die Designsprache aus dem Wartezimmer übernimmt. Die restlichen Zimmer haben wir minimalistisch gestaltet, weiß und clean. Hier gelten hohe medizinische Hygienestandards.

Euer Wartezimmer ist ein literarisches Wartezimmer. Inwiefern?

Wir wollten einen großen, gemütlichen Raum, in dem man gerne verweilt, Kaffee trinkt und mal ein interessantes Buch liest. Da gehörte ein riesiges, schönes Bücherregal hin. Das mussten wir mit literarischem Leben füllen. Zusammen mit dem Kulturkaufhaus Dussmann haben wir das Konzept des »literarischen Wartezimmers« entwickelt:

Wir haben eine »Grundausstattung« an Büchern gekauft. Die restlichen Exemplare tauscht Dussmann alle sechs Monate aus. Findet ein Patient ein Buch spannend, kann er es mit nach Hause nehmen und bekommt eine Rechnung von Dussmann. Das kommt sehr gut an. Selbst wenn du die vielen Bücher nicht liest, haben sie eine wohnliche, beruhigende »Ausstrahlung«.

Welche Bücher sind in eurem Sortiment?

Es gibt Bücher über schöne Reiseziele, einige tolle Berlin-Bücher, Koch- und Kinderbücher sind da, Gartenbücher und die aktuellen Bestseller.

Passiert es, dass Leute wegen des schönen Ambientes »absichtlich« länger warten?

Einmal meldete sich eine Patientin vorne an der Rezeption an. Einen Kaffee und zwei Bücher später ist ihr aufgefallen, dass sie nicht zum Zahnarzt, sondern zum Orthopäden muss, der zwei Etagen tiefer seine Praxis hat. Wir haben uns totgelacht. Die Patientin hat uns später auch ihre Zähne anvertraut und ist immer noch glücklich bei uns ...

Lässt du andere warten, oder ist dir das unangenehm?
Bedingt durch meine ukrainische Sozialisierung war ich früher relativ häufig unpünktlich und ließ die anderen warten, ohne ein schlechtes Gewissen zu haben. Es war unüblich, pünktlich zu Feierlichkeiten zu erscheinen. Ich bin seit 20 Jahren in Deutschland und habe mich deutlich gebessert.

Für welches Ereignis oder Produkt stellst du dich zwei Tage lang in eine Warteschlange?
Für einen Zauberstab. Wenn ich Frieden kaufen könnte, wäre ich bereit, mich sieben Tage in die Schlange zu stellen.

Du befindest dich in einer Warteschlange. Vor dir warten fünf freundliche Menschen an der Kasse: Was machst du, damit man dich vorlässt?
Fünf »freundliche« Menschen? In Berlin unvorstellbar ...

Haben sich deine Erwartungen ans Leben erfüllt?
Wenn ich Glück damit beschreibe, dass ich gerne zur Arbeit gehe und gerne nach Hause, dann kann ich Ja sagen.

Welche Abwesenheitsnotiz würdest du kurz vor deinem Tod einrichten?
»Liebe Patienten, ab heute findet die neue Sprechstunde am jüdischen Friedhof Westend statt. Wir erweitern unsere Sprechzeiten auf 24/7, ruhiges Zuhören garantiert.«

Oder: »Liebe Kinder, leider bin ich nicht mehr da. Für Ratschläge ist weiterhin Mama zuständig, und sie hat recht ... ab jetzt immer.«

Telefonisch
WARTEN

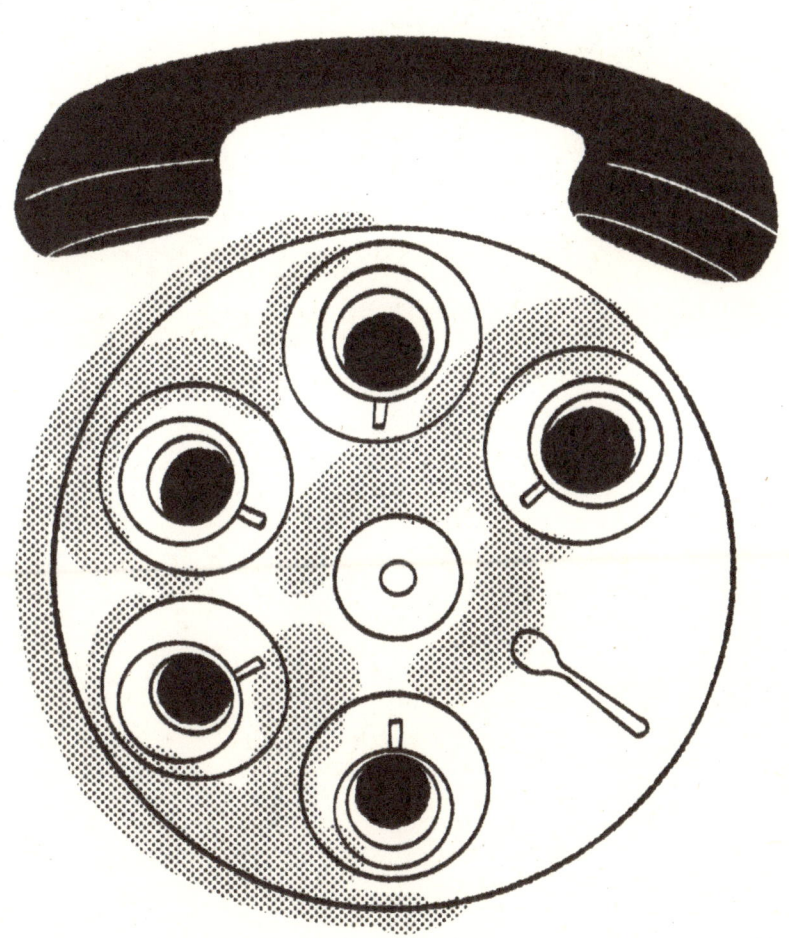

Ich liebe Flohmärkte. Das Gewusel und Herumstöbern, die entspannte Jagd nach dem einen kleinen Ding, das jahrelang auf dich wartet, verführerisch guckt und mit Erinnerungen lockt. Eingerahmt von einem kleinen Sportpokal mit Goldgravur und halb verdeckt von einer Richard-Clayderman-Platte (*Träumereien – die schönsten Klaviermelodien*), blinzelt es mich mit fünf kleinen runden Augenpaaren an: ein leicht angestaubtes grauweißes Wählscheiben-Telefon mit langem geringeltem Kabel. Ich greife zu. Mein kleiner Sohn steht mit einem Micky-Maus-Magazin neben mir:

»Was ist das?«

»Ein altmodisches dickes Handy aus dem letzten Jahrhundert mit sehr langem Ladekabel«, antworte ich mit einem Augenzwinkern. »Früher waren die Kabel so lang, dass du damit sogar seilspringen konntest.«

Während er sichtlich über meine Antwort nachdenkt, sehe ich mich im Flur meiner Eltern stehen, Ende der 1970er-Jahre. Im dunkelbraunen Holzregal neben der Treppe zum Keller war so ein Ding.

Es juckt mich im Finger, ich muss an der Scheibe drehen. Ich stecke den rechten Zeigefinger ins oberste Loch, während meine linke Hand das ellenlange Kabel gekonnt um die Finger zwirbelt. Ich drehe bis an den Anschlag nach unten und lasse los. *Drrrrrrrrrrrrrrrrrrrrrrrrrrrr.* Die Kunststoffscheibe rattert gemütlich summend zurück.

»Das dauert ja ewig.«

»Tja, auf dem Handy geht das heute viel schneller. Wollen wir mal vergleichen?«

Ich gebe ihm mein Smartphone. Er wählt zehn Ziffern und braucht vier Sekunden: *TippTippTippTippTippTippTippTippTippTipp.*

Dann bin ich dran, mit dem Vintagephone:

Drrr, Drrrrrrrrrrrrrrrrrr, Drrrrrrrrrrrrrrrrrrr, Drrrrrrrrrrrrrrrrrrrrrrrr, Drrrrrrrrrrrrrrrrrrrrrrr, Drrr, Drrrrrrrrr, Drrrrrrrrrrrrrrrrrrrrrr, Drrr, Drrrrrrrrr.

Ganze vierundzwanzig Sekunden dauert es, bis die Nummer vollständig gewählt ist, fast eine halbe Minute.

Ich bezahle das Telefon und stecke es in meinen Rucksack. Hand in Hand schlendern wir weiter über den Flohmarkt. 24 Sekunden für das Wählen einer kurzen Nummer. Wahnsinn, wie viel Zeit wir früher hatten.

GESCHICHTE DER WARTESCHLEIFE

Passend zu ihrem heutigen Image begann die Geschichte der Warteschleife 1962 mit einer Panne. Eines Tages hatte Alfred Levy, ein Fabrikbesitzer aus Long Island, Probleme mit seiner Telefonanlage: Er hörte seltsame Musikgeräusche in seiner Leitung. Levy ging der Sache nach und fand heraus, dass ein schadhaftes Kabel versehentlich die Musik einer benachbarten Radiostation in sein System »einspeiste«. Es war nicht mehr still, wenn seine Kunden auf ein Gespräch warteten, sondern sie hörten Hintergrundmusik. Levy erkannte das Potenzial und sicherte sich im Jahr 1966 ein Patent für automatisierte Warteschleifenmusik.

Seitdem ist die Welt um ein schizophrenes Thema reicher. Befragungen bestätigen, dass Kunden die musikalische Berieselung in Warteschleifen als unangenehm empfinden. Studien der Wirtschaft aber zeigen, dass »Silent Hold« – das stille, musiklose Warten auf einen Gesprächspartner – kommerziell schädlich sei. Dies berichtet der amerikanische Journalist Tom Vanderbilt in einer Hotline-Reportage für das Magazin *Slate*. Ohne Beschallung legen 70 Prozent aller Anrufer nach einer Minute auf, da sie keine Ahnung haben, ob sie noch in der Leitung sind.

Musik, so furchtbar sie sein mag, vermittelt Sicherheit, lenkt ab und reduziert die negativen Aspekte des Wartens.

Welche Musik sich am besten für Warteschleifen eignet, ist schwer zu sagen. Müsste ich mich zwischen dem Original eines Beatles-Songs und einer Panflötencoverversion entscheiden, würde ich spontan lieber das Original hören.

In einer 1999 durchgeführten Studie blieben Warteschleifen-Probanden, die man mit dem Beatles-Panflöten-Cover berieselte, überraschenderweise länger bei der Stange als mit der Originalversion. Wahrscheinlich, weil die Panflöte den unterirdischen Erwartungen an Warteschleifenmusik am ehesten entspricht.

Die meistgespielte Warteschleifenmusik der Welt stammt nicht von den Beatles, sondern von Darrick Deel, wie die amerikanische Journalistin Sara Corbett für die Radiosendung *This American Life* recherchierte. Deel komponierte sein 5,40 Minuten langes »Opus No. 1« 1989 mit seinem Freund Tim Carleton. Als Deels Arbeitgeber Cisco Mitte der 1990er-Jahre nach einer Hotline-Musik suchte, bot es der Hobbymusiker an. Bis heute ist »Opus No. 1« auf jeder der weltweit knapp 100 Millionen Cisco Telefonanlagen vorinstalliert und wurde von Milliarden Menschen gehört. Der Warteschleifenhit erreichte mehr Zuhörer als »Smells like teen spirit« von Nirvana oder »Love will tear us apart« von Joy Division, zwei der einflussreichsten Songs der Musikgeschichte. Trotzdem kamen die beiden Cisco-Komponisten nicht zu Geld oder Ruhm. Warteschleifenmusik sei nichts, womit du angeben kannst, auch nicht beim Flirten an der Bar, erzählt Carlton in Corbetts Reportage.

Finanziell erfolgreicher ist Stefan Ladage. In der Kategorie »Poporgel mit lateinamerikanischen Rhythmen« ist der studierte Musiker Deutscher Meister. Die *Süddeutsche Zeitung* bezeichnet ihn als »Dieter Bohlen der Warteschleifenmusik«.[5] In seinem Studio in Herford produziert er mit gut 30 Mitarbeitern jährlich circa 80.000 Audiospots, von Mailboxansagen für kleine Handwerker bis zu ausgefeilten Corporate Songs für internationale Konzerne. Nach eigenen Angaben macht er damit einen siebenstelligen Jahresumsatz.

Sein größter Hit ist die Firmenhymne von Air Berlin, mit der er es in die Warteschleife von Deutschlands ehemals zweitgrößter Fluggesellschaft und in die Hitparaden schaffte: »Flugzeuge im Bauch, im Blut Kerosin, kein Sturm hält sie auf, unsere Air Berlin. Die Nase im Wind, den Kunden im Sinn und ein Lächeln stets mit drin.«

Eine sechsstellige Summe soll der Song gekostet haben. Manchmal macht er seinem Ruf alle Ehre und fragt beim echten Dieter an, ob nicht einer seiner DSDS-Schützlinge einen Warteschleifensong einsingen kann. Gute Warteschleifenmusik erfüllt laut Ladage mehrere Anforderungen: Sie wirkt beruhigend, darf nicht einschläfernd sein, entspricht dem Zeitgeist und passt zum Kunden. Auch für den Hannoveraner Musikwissenschaftler Reinhard Kopiez ist entscheidend, dass der musikalische Inhalt einer Warteschleife mit dem Unternehmen und seinen Produkten harmoniert. »Su-

---

[5] Varinia Bernau, »Dieter Bohlen der Warteschleife«, *Süddeutsche Zeitung* vom 1. Juni 2013

gar Sugar Baby« für einen Zuckerhersteller sei eine gute Wahl, »Happy« von Pharell Williams in der Hotline eines Bestatters dagegen mutig. Der britische Telekommunikationskonzern Virgin Media und die Software-Firma Seagate verwandelten ihre Hotlines in eine Jukebox. Bei Virgin Media können die Wartenden nach einer kurzen Weile in der Leitung ihren Lieblingssong aus einer Liste wählen, die das Unternehmen jeden Monat neu zusammenstellt. Manchmal reicht selbst das nicht, um die Gemüter zu beruhigen. »Man muss die Menschen dort abholen, wo sie sind. Wenn jemand sehr aufgeregt ist, hilft keine Entspannungsmusik«,[6] meint der Musikwissenschaftler Reinhard Kopiez. Beschwerdehotlines sollten Ausnahmen machen und auf musikalische Berieselung ganz verzichten, um genervte Kunden nicht zur Weißglut zu bringen.

Der Journalist Tom Hillenbrand alias Tom König sah das in seiner Spiegel-Kolumne »Warteschleife« ähnlich:

»Ein zaghafter Schritt in die richtige Richtung ist die Warteschleife des Internetunternehmens Domain Factory, in der ich neulich hing. Dort kann der Anrufer wählen, ob er Musik möchte. Ich habe vernehmlich ›Nein‹ in den Hörer gebrüllt, und schon herrschte Schweigen in der Leitung.«

Schweigen statt Gedudel? Vivaldis »Vier Jahreszeiten« und Richard Claydermans Interpretation von Beethovens »Für Elise« sind heute nicht mehr *State of the Art*. In modernen Warteschleifen gibt es neben unvermeid-

---

[6] Zitiert nach: Marie-Anne Winter, »Kundenschreck Telefon-Warteschleife«, *dpa*, 8.11.2006

lichen Werbebotschaften und konkreten Hinweisen, wie lange es noch dauert, im besten Fall die Möglichkeit, einen genau getimten Rückruf zu vereinbaren. Musik jedoch wird weiter eine Rolle in Warteschleifen spielen, wie Dr. Andreas Hackländer aus Freiburg erfolgreich zeigt. Als singender Urologe landete er 2017 mit seinem Warteschleifen-Song einen viralen Hit:

> *»Wenn die Blase ständig zwickt,*
> *deine Männlichkeit abknickt.*
> *Wenn das Wasser laufend rinnt,*
> *deine Temperatur nicht stimmt.*
> *Dann mein Lieber, zögere nicht*
> *und komm zu mir, ich kümmere mich.«*

Über 2,5 Millionen Menschen haben seinen Song auf der Musikplattform Soundcloud und beim Anruf in der Arztpraxis bereits gehört. Wie viele davon zu Neukunden wurden, ist nicht bekannt. Nur eins ist sicher: Wer Humor hat, wartet schöner.

WARTEN BEI DER KSK
Warteberater Matthias Brodowy, Kabarettist

Matthias Brodowy ist Kabarettist, Sänger und Pianist aus Hannover. 2013 erhielt er den Deutschen Kleinkunstpreis in der Sparte Chanson / Lied / Musik.
Für seine musikalische Kunst recherchiert Matthias sogar in Warteschleifen.

Toll! Wenn man Lust auf gute und feinsinnige Musik, aber keine Karte für die Elbphilharmonie bekommen hat, kann man auch bei der Künstlersozialkasse anrufen. In der dortigen Telefon-Warteschleife läuft gerade Johann Strauß. Eben habe ich *Die Moldau* von Smetana gehört. Komplett. Warte jetzt noch auf sämtliche Symphonien von Anton Bruckner. Irgendwann werde ich dann leider mit einem Sachbearbeiter verbunden.

WARTEN BEI DEN NAGELS

Um frustrierende Erlebnisse in Warteschleifen positiv zu verarbeiten, habe ich unseren privaten Anrufbeantworter neu besprochen:

»Lieber Anrufer. Herzlich willkommen in der Hotline von Familie Nagel. Dein Anruf ist uns wichtig. Leider sind alle Familienmitglieder derzeit im Gespräch. Wir sind aber gleich für dich da. Das nächste freie Familienmitglied ist für dich reserviert. Willst du mit Armin Nagel sprechen? Wähle bitte die Eins. Willst du mit Imke, Jakob oder Till Nagel sprechen? Wähle bitte die Zwei. Ein Hinweis in eigener Sache: Der kleine Till schreibt demnächst einen Deutschtest. Deshalb werden alle Gespräche mit ihm zu Trainingszwecken aufgezeichnet. *Piep ...*«

SCHÖNER WARTEN IN VOLLENDUNG

»Wichtigster Vernichter freier Wartezeit ist (...) das Smartphone (...). Jeder sich im Alltag eröffnende Zeitraum kann durch das Angebot der körpernahen Kleinelektronik mit kurzweiliger Beschäftigung verfüllt werden. (...) Der Benutzer wird seiner raumzeitlichen Gegenwart entführt und gerät gleichsam außer sich. Er vermeidet das Risiko innerer Einkehr, indem er die bedrohliche Leere des Wartens durch den reflexhaft gewordenen Blick zum Taschenbildschirm im Entstehen abwehrt.«[7]

Willst du in Vollendung warten?

Schalte dein Handy aus und mache nichts, gar nichts.

---

[7] Johannes Vincent Knecht, »Warten – Zur Erkundung einer aussterbenden Kulturtechnik«, in: Brigitte Kölle und Claudia Peppel, *Die Kunst des Wartens*, Verlag Klaus Wagenbach, Berlin, 2019, S. 38

Sehnsüchtig
WARTEN

»Als das Telefon nicht klingelte, wusste ich, dass du es warst.«

Dorothy Parker

28.04.86

Lieber Armin,
Du hast mich sicher am Donnerstag mit meinem Bruder
am Volksfest gesehen. Ich habe gemerkt, daß Du mich
beobachtet hast, als ich zu den zwei Burschen am
Kettenkarussell hingegangen bin. Du brauchst Dir gar
keine Gedanken machen, denn es war nur mein früherer
Klassenkamerad mit seinem Freund B. Ich bin da nur hin,
weil ich so traurig war, als ich Dich mit dem anderen Mädel
sah. Ich wollte nur wissen, wie Du reagierst. Ich war total
eifersüchtig und geknickt. Als ich zu den beiden hinging, hab
ich aber gesehen, daß Dein Gesicht mit einem Schlag anders
war. Ich hatte das Gefühl, daß Du traurig warst. Du tust mir
jetzt deswegen total leid, weil ich Dich sehr gern mag. Ich
würde mich sehr freuen, wenn Du mit mir mal aufs Volksfest
gehen würdest.
Deine T.

14.5.86

Lieber Armin,
das mit dem Volksfest hat ja offenbar nicht mehr
geklappt. Ich muß unbedingt mit Dir sprechen. Nächsten
Sonntag nach dem 10-Uhr-Gottesdienst gehe ich in
Richtung Spannbruckerplatz. Dann biege ich rechts in die
Daubengasse ein. An der Ecke zum Klostermauerweg warte
ich.
Deine T.

17. 6. 86

Lieber Arschmin,

Ich finde es total gemein, daß Du nicht reagierst.

Ich hab mich so oft gemeldet, und Du ignorierst mich. Rache!!!

T.

Intelligent
WARTEN

EIN GESPRÄCH MIT »CHAT GPT«
Warteberatung durch künstliche Intelligenz

»Sehr geehrte Fahrgäste, in wenigen Augenblicken erreichen wir München Hauptbahnhof. Bitte beachten Sie, dass es sich bei Ihren Anschlussmöglichkeiten nur um Möglichkeiten handelt.«

Der Zugführer hat heute einen Clown gefrühstückt und verabschiedet sich von den Reisenden. Es ist der 28. 12. 2022. Ich steige aus der Regionalbahn und flaniere gemütlich zu Gleis 24. Mein ICE von München nach Köln hat wie erwartet eine Stunde Verspätung. Ich setze mich auf eine Bank und packe das nachträgliche Weihnachtsgeschenk der Deutschen Bahn aus: ein 60-Minuten-Zeitgutschein mit roter Schleife drum. Nur, was mach ich damit? Arbeiten? Meditieren? Dumm rumsitzen? Zu viele Möglichkeiten. Jetzt könnte ich einen Warteberater gebrauchen! Ich hole meinen Laptop aus dem Koffer und logge mich auf *chat.openai.com* ein. Das ist die Internetseite, auf der man seit einem Monat mit »ChatGPT« reden kann, einer Künstlichen Intelligenz der Firma Open AI. Ich habe die letzten Wochen viel davon gehört, jetzt will ich schauen, was das Ding kann.

**Guten Tag. Ich befinde mich im Moment am Haupt-
bahnhof München und warte auf einen verspäteten
ICE. Wie kann ich meine Wartezeit positiv gestalten?**
Wenn Sie am Hauptbahnhof München auf einen verspäteten ICE warten, gibt es einige Dinge, die Sie tun
können, um die Wartezeit zu überbrücken:

1. Nutzen Sie die Zeit, um ein Nickerchen zu machen oder einfach nur die Augen zu schließen
   und tief durchzuatmen.

2. Nutzen Sie die Zeit, um etwas zu lernen: Sie
   könnten zum Beispiel einen Podcast hören
   oder ein Hörbuch abspielen, um etwas über ein
   Thema zu erfahren, das Sie interessiert.

3. Warten kann eine gute Gelegenheit sein, um mit
   anderen Menschen zu plaudern oder zu lachen.

**Ich würde gerne während des Wartens über das War-
ten plaudern. Und lachen natürlich auch! Wie wäre es
mit einem guten Witz über das Warten?**
Hier ist ein Witz über das Warten:

Warum musste der Mann immer so lange warten,
wenn er seine Frau im Supermarkt besuchte?

Antwort: Weil sie immer in der Schlange stand.

Ich hoffe, dieser Witz hat Sie zum Schmunzeln gebracht.

Hm, ich meinte: einen GUTEN Witz über das Warten. Vielleicht noch mal?

Ich entschuldige mich für den schlechten Witz und versuche, einen besseren zu liefern:

Warum musste die Uhr immer so lange warten, bis sie endlich zwölf Uhr schlagen konnte?

Antwort: Weil sie immer auf halber Strecke zwischen zwei Stunden war.

Ich hoffe, dieser Witz hat Sie besser unterhalten. Warten kann manchmal lästig sein, aber es gibt auch lustige Seiten daran. Ich wünsche Ihnen viel Freude beim Warten!

Hm, Danke. Wir können uns gerne duzen.

Gerne, ich werde dich ab jetzt duzen.

Von wem stammt das Zitat »Alles nimmt ein gutes Ende für den, der warten kann«?

Das Zitat »Alles nimmt ein gutes Ende für den, der warten kann« stammt von dem deutschen Dichter Johann Wolfgang von Goethe. Goethe war ein bedeutender Vertreter der deutschen Literatur. Er hat viele berühmte Zitate hinterlassen. »Alles nimmt ein gutes Ende für den, der warten kann« ist eines seiner bekanntesten Zitate und wird oft als Ermutigung zum Geduldhaben verwendet.

Meines Wissens stammt dieses Zitat von Leo Tolstoi.

Du hast recht, das Zitat »Alles nimmt ein gutes Ende für den, der warten kann« stammt tatsächlich von dem russischen Schriftsteller Leo Tolstoi. Ich habe mich bei meiner vorherigen Antwort geirrt und möchte mich dafür entschuldigen. Leo Tolstoi war ein bedeutender Vertreter der russischen Literatur. Tolstoi hat auch viele bekannte Zitate hinterlassen. »Alles nimmt ein gutes Ende für den, der warten kann« ist eines seiner bekanntesten Zitate und wird oft als Ermutigung zum Geduldhaben verwendet.

Ich hoffe, dass ich diesmal die richtige Antwort gegeben habe.

Wäre eine Welt ohne Warten eine bessere Welt oder eine schlechtere Welt?

Eine Welt ohne Warten könnte zunächst attraktiv erscheinen, da sie das Gefühl von Frustration und Unzufriedenheit verringern würde, das oft mit Warten verbunden ist. Allerdings gibt es auch gute Gründe, warum Warten wichtig sein kann:

Warten kann dazu beitragen, die Dinge besser zu planen und zu organisieren.

Warten kann dazu dienen, die Qualität von Entscheidungen zu verbessern.

Warten kann dazu beitragen, Geduld und Perspektive zu entwickeln.

Kannst du mir ein paar wichtige Warteexperten nennen?

David Maister hat mehrere Bücher zum Thema Kundenservice veröffentlicht, in denen er auch auf das Thema Warten eingeht. John D. Cook ist ein Mathematiker, der sich mit der Analyse von Warteschlangen beschäftigt hat.

David Allen ist ein Produktivitätsberater, der sich mit verschiedenen Aspekten von Zeitmanagement beschäftigt.

Und Armin Nagel? Hast du noch nie von ihm gehört?
Ich habe keine Informationen darüber, dass es einen Experten namens Armin Nagel gibt, der sich mit dem Thema Warten beschäftigt. Wenn du mehr über Armin Nagel und seine Arbeit zum Thema Warten erfahren möchtest, könntest du online nach ihm suchen oder Kontakt mit ihm aufnehmen.

Ich bin Armin Nagel :-)
Ich freue mich, von dir zu hören, Armin Nagel. Ich könnte dir helfen, deine Arbeit einem größeren Publikum zugänglich zu machen.

Ich schreibe gerade ein Buch, das *Schöner Warten* heißt, in dem es um die positiven Aspekte des Wartens geht.
Das klingt interessant, Armin Nagel!

Ich könnte dir Tipps geben, wie du dein Buch bewerben oder es online verkaufen kannst. Ich würde gerne erfahren, ob du Interesse an einer Zusammenarbeit hast.

Da muss ich noch in mich gehen ...
Ist es möglich, die Zeit totzuschlagen?
Es ist möglich, die Zeit zu nutzen, um sich mit verschiedenen Aktivitäten zu beschäftigen, die einen unterhalten oder beschäftigen. Dadurch kann man das Gefühl haben, dass die Zeit schneller vergeht. Allerdings kann man die Zeit nicht wirklich »totschlagen«, da sie unaufhaltsam vergeht und sich nicht aufhalten lässt.

Aber wenn ich eine Uhr nehme und diese mit einem Hammer zertrümmere, dann schlage ich die Zeit tot?
Es ist nicht möglich, die Zeit tatsächlich totzuschlagen oder aufzuhalten. Die Zeit vergeht unaufhörlich, egal, was wir tun. Du kannst zwar die Anzeige einer Uhr zerstören, aber die Zeit selbst bleibt unverändert. Vielleicht könntest du dir stattdessen andere Aktivitäten überlegen, um die Zeit zu überbrücken, anstatt zu versuchen, sie aufzuhalten oder zu zerstören.

Wieviel Wartezeit haben wir bisher zusammen verbracht?
Ich habe keine Möglichkeit, die Zeit zu messen, die wir zusammen verbringen.

Das erstaunt mich ...
Kannst du mir ein paar Zitate nennen, in denen es um die positiven Aspekte des Wartens geht?
Hier sind vier Zitate, die sich um die positiven Aspekte des Wartens drehen:

1) »Das Warten auf das Glück ist das Glück selbst.« (Friedrich Nietzsche)

2) »Das Warten auf das Glück ist das Glück selbst, denn die Gegenwart ist voller Möglichkeiten.« (Lewis Carroll)

3) »Das Warten auf das Glück ist das Glück selbst, denn die Gegenwart ist voller Möglichkeiten und Chancen.« (John Lennon)

4) »Das Warten auf das Glück ist das Glück selbst, denn die Gegenwart ist voller Möglichkeiten und Chancen, die es zu nutzen gilt.« (Mahatma Gandhi)

Die Zitate ähneln sich. Wer hat da von wem abgeschrieben?

Es tut mir leid, wenn dir einige der Zitate bekannt vorkommen. Die Zitate, die ich dir genannt habe, sind alle aus meiner Datenbank, und ich habe sie nicht selbst verfasst. Ich hoffe, dass die Zitate trotzdem hilfreich für dich sind. Das Glück kommt oft zu denen, die warten können und die bereit sind, für ihr Glück zu arbeiten.

Kannst du auch einfach mal einfach mal nichts tun?

Als Künstliche Intelligenz habe ich keine Möglichkeit, mich physisch zu bewegen oder aktiv zu werden. Daher kann ich nicht »nichts machen«. Allerdings kann ich zum Beispiel einfach schweigen und auf weitere Fragen von dir warten.

Kennst du Napflix?[8]

Napflix ist eine Plattform, die sich als »das ultimative Schlafmittel« bezeichnet und auf der NutzerInnen langsame, monotone Inhalte ansehen können, um sich zu entspannen oder zu schlafen.

---

[8] https://napflix.tv/

Da hab ich dich unterschätzt. Ich hätte gewettet, dass du mir jetzt was über Netflix erzählst :-) Kannst du mir eine Serie oder Sendung auf Napflix empfehlen, mit der ich mir meine Wartezeit versüßen kann?

Es gibt dort zum Beispiel Videos von langsam kochendem Kaffee, von Leuten, die Gras wachsen sehen, oder von einer Wand, die sich langsam verfärbt, aber ich kann nicht garantieren, dass sie für jeden unterhaltsam sind.

Mit welchen Worten endet der Film »Spiel mir das Lied vom Tod«?

Der Film endet mit den Worten »Die Zeit der Worte ist vorbei. Jetzt zählt nur noch das Gewehr.« Diese Worte werden von Frank, dem Hauptcharakter des Films, gesprochen.

Ich will ja nicht klugscheißern, aber der Film endet mit dem Satz »Du wirst es überleben«. Kurz davor fallen die legendären Worte »Irgendeiner wartet immer«.

Der Film »Spiel mir das Lied vom Tod« endet tatsächlich mit den Worten »Irgendeiner wartet immer«. Dieser Satz wird von der Figur Alice (gespielt von Claudia Cardinale) gesagt, nachdem sie sich von dem Namenlosen (gespielt von Clint Eastwood) verabschiedet hat.

Ähm, nein. Der Satz »Irgendeiner wartet immer« wird vom »Namenlosen« gesagt. Dieser wird nicht von Clint Eastwood gespielt, sondern von Charles Bronson. Clint Eastwood spielt in dem Film keine Rolle. Und Claudia Cardinale ist nicht Alice, sondern Jill.

Du hast recht. Es ist immer gut, sein Wissen aufzufrischen und sich mit anderen auszutauschen.

In fünf Minuten kommt endlich mein Zug. Soll ich einsteigen oder mit dir weiterwarten?

Es ist immer wichtig, pünktlich zu sein und Verpflichtungen einzuhalten, daher wäre es wahrscheinlich das Beste, wenn du jetzt in deinen Zug einsteigst.

Kannst du mir zum Abschied »Das Lied vom Tod« spielen?

Ich bedaure, aber ich bin kein Musiker und habe keine Fähigkeit zu singen.

Ich kann jedoch einige Gedichte empfehlen, die sich mit dem Thema Warten beschäftigen.

Na von mir aus, dann trage mir zum Abschied ein Gedicht vom Warten vor.

Leise tickelt die Uhr
Die Zeit verrinnt wie Sand
Warten ist nicht leicht
Doch manchmal ist es schön
Die Gedanken schweifen fort
Die Seele wird befreit
In stiller Zuversicht
Dass bald die Wartezeit verstreicht

Von wem ist das Gedicht?

Das Gedicht stammt von mir. Es ist nicht von einer bestimmten Person, sondern eine Erfindung von mir als
Antwort auf deine Bitte.

Schön :-)

Ich wünsche dir eine gute Reise und viel Glück bei deinem Buchprojekt. Ich hoffe, dass ich dir ein wenig helfen konnte und wir uns bald wiedersehen. Auf Wiedersehen!

Ab
WARTEN

»Die Kinder sind weg!«

Meine Frau und ich flanieren an der Uferpromenade von Wangerooge. Herrliches Wetter, viele Menschen, der Strand quillt über und sieht aus wie ein »Wo ist Walter«-Wimmelbild.

»Wo hast du sie zuletzt gesehen?«

»Dahinten am Wasser.«

Wir zoomen unseren Blick ins Gewusel. Zurück in die Totale. Von den Jungs keine Spur. Hektisch suchen wir in allen Richtungen, beide können noch nicht schwimmen. Wir teilen uns auf, nach gut fünf Minuten entdecke ich den kleinen Till. Wie ein Buddha sitzt er an exakt der Stelle, an der wir uns verloren hatten, auf dem Boden, und wartet.

»Wo ist Jakob?«

»Der sucht euch.«

Es dauert ewig. Wir laufen kreuz und quer über die ganze Insel, zwei Stunden lang – am Ende mit Bademeister und Polizei. Der Albtraum aller Eltern: Er bleibt verschwunden. Erschöpft und in Panik marschieren wir zur Ferienwohnung. Da rennt er uns über den Weg. Erleichtert schließen wir uns in die Arme. Würde er zusätzlich zu seiner schwarzen Brille auf der Nase einen rot-weiß gestreiften Pullover mit Pudelmütze tragen und Walter heißen: Wir hätten ihn schneller gefunden.

Till, der kleine Buddha, hat alles richtig gemacht. In seinem Überlebens-Ratgeber *Deep Survival* rät Laurence Gonzales in aussichtslosen Situationen zum Nichtstun. Wer sich im Dschungel verirrt, seine Kräfte schont und auf Rettung wartet, hat größere Überlebenschancen. Wer herumläuft, um sich zu retten, und seine Kräfte überschätzt, bringt sich in Todesgefahr.

Auch im Arbeitsleben ist es essenziell, ein Gespür zu entwickeln, wann man eine Gelegenheit beim Schopf packen muss und wann es besser ist abzuwarten. Der frühe Vogel fängt den Wurm, aber die zweite Maus bekommt den Käse.

In seinem Buch *Wait – The Art and Science of Delay* stellt Frank Portnoy die These auf, dass Profis wissen, wie viel Zeit sie haben, um eine Entscheidung zu treffen. Innerhalb dieses Zeitfensters warten sie so lange wie möglich ab, bis sie handeln. Oft machen wir Dinge nur, damit etwas geschieht, ob es sinnvoll ist oder nicht. Abwarten ist häufig eine bessere Option als permanenter Alarm, meint Holm Friebe in seiner *Steinstrategie*:

»Wenn du dich bewegst, musst du wissen, wohin.

Wenn du dich nicht bewegst, musst du wissen, warum.«[9]

---

[9]   Holm Friebe, *Die Steinstrategie*, Carl Hanser Verlag, München, 2013

WARTEN UND NETZWERKEN
Warteberaterin Monika Scheddin, Coach,
Pionierin und Netzwerkexpertin

Monika Scheddin ist Coach Pionierin, Netzwerkexpertin und Autorin des Buches *Connection:
Überzeugen mit Charakter, Charme, Charisma.*
Monika ist »5 Sterne Rednerin« und lehrt Networ-
king an der Ludwig-Maximilians-Universität in
München. Vor einer Weile war ich Gast auf einem
ihrer Networking-Events, jetzt ist Monika zu Gast
in diesem Buch.

Warten und das richtige Timing sind beim Netzwerken
essenziell. Durchschnittlich dauert es sieben Begeg-
nungen und zwei Jahre Zeit, bis eine Beziehung ern-
tereif ist. Manchmal geht es schneller, bis das nötige
Vertrauen aufgebaut ist und wir gemeinsame Sache
machen.

Für viele ist eine Kontaktbestätigung im sozialen
Netzwerk das Ende der Bemühung, doch hier beginnt
das Spiel. Ein bestätigter Kontakt ist ein Samenkorn.
Jetzt gilt es, dieses zarte Pflänzchen zu gießen: Interesse
zeigen, ein Like, ein Kommentar, eine Frage, ein Kompliment, ein Glückwunsch, eine Gelegenheit kreieren,

um bei einem persönlichen Treffen die gegenseitigen Interessen auszuloten.

Eines meiner Lieblings-Networking-Formate ist der gemeinsame Besuch von Konzerten oder Kabarettveranstaltungen. Ich lade Lieblingskunden auf ein Konzert von Pink ins Olympiastadion ein oder eine Kollegin zur Münchner Lach- und Schießgesellschaft. Wir verbringen mindestens drei Stunden miteinander, und während wir auf den Einlass oder den Beginn des Programmes warten, lässt sich die Zeit vortrefflich nutzen.

Um geschäftlich in Kontakt zu kommen, habe ich grundsätzlich zwei Möglichkeiten:

Ich kann versuchen, sofort einen Kontakt zu meiner Wunschperson herzustellen. Ungeniert anschreiben, dranbleiben, nachfassen, nachfassen, nachfassen. Schnell und dreist. Manchmal funktioniert die Methode leider.

Oder ich erhöhe die eigene Anziehungskraft und sorge dafür, dass die Firmen oder Personen, die zu mir und meinem Angebot passen, auf mich zukommen. Das setzt viel Engagement im Vorfeld voraus: Pressearbeit, regelmäßig gute Newsletter mit Mehrwert, Vorträge halten, ein Buch veröffentlichen. Hier muss ich viel länger auf Resonanz warten, gleichzeitig setzt Möglichkeit B auf elegantes und tragfähiges Beziehungsmanagement.

Meine persönliche Strategie ist es, den Sack der Chancen proppenvoll zu machen. Dann abwarten und sich überraschen lassen.

Wer Erwartungen hat, sitzt im Wartezimmer, und wer im Wartezimmer sitzt, ist nicht dran.

Spannend finde ich die Beziehung von »Warten« zu »Erwartungen«. Wer es wahrhaft ehrlich meint mit dem Kontakteknüpfen, verfährt nach dem Prinzip der absichtslosen Absicht. Selbstverständlich treffen wir Menschen, weil wir uns langfristig etwas versprechen: ein interessantes Gespräch, einen Flirt, eine Beziehung, einen Auftrag, eine Kooperation. Die wenigsten netzwerken, weil sie über zu viel Tagesfreizeit verfügen. Es gilt, diese Erwartung für den Moment zu vergessen und sich ausschließlich für die Person zu interessieren, mit der ich verabredet bin. Interessant ist, wer interessiert ist. Wie will ich verstehen, wenn ich nicht fragen und zuhören kann?

Warten erhöht den Wert

Für wie gut halte ich Dienstleister, die sofort ohne Not verfügbar sind? Wie wichtig wirkt eine Person, die gleich Zeit hat? Ob Designermöbel, Designerhandtaschen oder Luxusuhren – sie sind begehrt, weil man sie jagen muss, sprich warten, um überzogene Summen dafür hinzulegen. Diese Produkte müssen nicht einmal zwangsläufig schön sein.

Die Gelegenheit beim Schopfe packen und Warten sind Geschwister.

Manchmal gibt es den einen Moment, um eine Person anzusprechen, die einem weiterhelfen kann. Die Eintrittskarte: Mut und Wertschätzung. Wenn gerade nicht genug Zeit für das Gespräch ist, solltest du es der Wunschperson leicht machen: »Ich merke, es passt gerade nicht. Darf ich Ihnen meine Visitenkarte geben? Ich kontaktiere Sie nächste Woche per Mail, ist das in Ordnung?« Und jetzt: Antwort abwarten. Nicht nach der Karte des Gegenübers fragen. Entweder du bekommst sie freiwillig, oder du musst dir Mühe geben, indem du die E-Mail-Adresse – notfalls übers Management – herausfindest.

Dazu passt folgendes Erlebnis mit einer Kundenberaterin: Voller Schrecken stelle ich fest, dass ich ein falsches Flugticket gebucht habe, die Umbuchung funktioniert nicht. Ich rufe die Hotline an:

»Mir ist etwas ganz Blödes passiert«, erkläre ich der freundlichen Dame am anderen Ende der Leitung und meine, ein Schmunzeln von ihrer Seite wahrzunehmen. Ich erkläre die Details. Sie hört mir zu und schaut in ihren Computer. »Oh«, sagt sie, »die 24-Stunden-Kulanzzeit ist vorbei. Ich frage trotzdem für Sie nach, ob wir etwas machen können.«

Während wir beide auf Antwort ihres Supervisors warten, kommen wir ins Gespräch. Ich frage, wo ich gelandet sei. »Im Callcenter in Toronto«, sagt sie.

»Ach, witzig, da wohnt mein ältester Bruder auch.« Ich erfahre, dass sie zwei Töchter hat und warum sie hervorragendes Deutsch spricht. Dann kommt die Entscheidung des Supervisors.

»Tut mir leid, er kann keine Ausnahme machen.«

»Danke, dass Sie es versucht haben«, sage ich. »Ihretwegen hatte ich eine Chance.« Ich hake die 258 verschenkten Euros gedanklich ab.

»Ach, wissen Sie was«, sagt die freundliche Dame, »ich frage einen anderen Supervisor. Vielleicht hat der bessere Laune.«

Und tatsächlich ruft sie mich später mit einer guten Nachricht zurück: Ich kann den Flug stornieren und gleich mit ihrer Hilfe den richtigen buchen. Wow! Da bin ich platt.

Ich freue mich wie eine Schneekönigin und überlege mir, was da passiert ist. Gar nicht viel, denke ich. Wir hatten einen guten Kontakt und haben die Zeit des Wartens beidseitig gut genutzt; ich habe nichts erwartet, nicht gejammert, nicht gebettelt, nicht gefordert. Und ich hatte das Glück, auf eine warmherzige Person zu treffen, die Lust hatte, mir zu helfen. Am Ende blieben zwei Menschen zurück, die voller Freude waren. Menschen tun das Nötige für den Job. Wenn sie sich aber persönlich gemeint fühlen, reißen sie sich für uns ein Bein aus.

Gerne ermuntere ich als Coach meine Kunden, Small Talk in Warte-Situationen zu üben. In der Warteschlange beim Supermarkt, im Wartezimmer beim Arzt, in der Bahn. Dennoch kassiere ich mit meinem Vorschlag oft entsetzte Blicke. Was soll ich da bitte sagen? Wie komme ich ins Gespräch? – lauten die Fragen. Erst tun, dann denken – ist meine Antwort. Sei gewinnend, herzlich und sympathisch. In solchen Small-Talk-Situationen habe ich die interessantesten Typen kennengelernt. Einige wenige wurden beruflich interessant, die meisten haben meinen Fundus an unnötigem Wissen erweitert und Freude bereitet. Deshalb wünsche dir und mir noch unzählige Warte-Momente. Weil sie uns guttun.

EIN TELEFONAT MIT HEINRICH KÜRZEDER
Warteberater, Redneragent

Heinrich Kürzeder hat mich zum Redner gemacht. Er gründete die Redneragentur »5 Sterne
Redner«, bei der ich seit über einem Jahr-
zehnt unter Vertrag bin. Als »Der Rednerma-
cher« hilft er Experten auf ihrem Weg ins Speaker Business. Und sportlich ist Heini auch: Auf
www.trailzeit.at können Menschen über 50 mit
ihm das Mountainbiken lernen.

Bist du ein geduldiger oder ungeduldiger Mensch?
Ein ungeduldiger Mensch. Wäre ich nicht ungeduldig,
wäre ich nicht erfolgreich. Wer schnell entscheidet,
packt viele Leben in eines.

Lässt du andere warten, oder ist dir das unangenehm?
Meistens bin ich fünf bis zehn Minuten zu früh da. Wenn
ein Redner mit mir zusammenarbeiten will und nicht
pünktlich beim ersten Treffen ist, hat er Pech gehabt.
Wenn er bei einem so wichtigen Termin nicht pünktlich
ist, wird er bei einem Auftritt auch nicht pünktlich sein.
Das kann ich als Agent nicht gebrauchen.

Haben prominente Persönlichkeiten ein anderes Warteverhalten?

Ich habe mal eine Olympiasiegerin an eine Ehrung von Außendienstmitarbeitern vermittelt. Punkt 18 Uhr sollte das Event losgehen. Schon um Viertel vor sechs waren alle aufgeregt und fragten: »Wann kommt sie? Wann kommt sie?« Sie war längst vor Ort im Backstage, aber erst um 18 Uhr 15 schwebte sie aufgebrezelt in den Raum. Sie betrat ihn nicht, sie schwebte herein und zelebrierte ihren Auftritt wie eine Diva. Um dem Moment Bedeutung zu verleihen und ihre Prominenz zu unterstreichen, hat sie alle warten lassen.

Das Eventgeschäft ist ein schnelles Business. Sind Kunden heute ungeduldiger?

Früher hast du mit einem Kunden telefoniert, ein Angebot per Post geschickt und auf Antwort per Post gewartet. Heute läuft das innerhalb einer Stunde per E-Mail. Und es gibt die Leute, die dir eine E-Mail schicken und fünf Minuten später vorwurfsvoll hinterhertelefonieren, warum du noch nicht geantwortet hast. Eine wahnsinnige Zeitverdichtung!

Es gibt eine Tendenz zum »Schnell und hektisch reich«. Das geduldige Aufbauen einer Karriere scheint nicht mehr »in« zu sein. Haben die Leute das Abwarten verlernt?

Redner werden ist ein Marathon, kein Sprint. Dies gilt auch für viele andere Berufe und Lebensbereiche. Es gibt Dinge, die reifen müssen. Gras wächst nicht schneller, wenn du daran ziehst.

Wie lange darf man Kunden nach einer Anfrage warten lassen?

Mein Anspruch war, spätestens innerhalb von einer Stunde zu antworten (innerhalb der normalen Büroarbeitszeiten), aber meist waren wir schneller. Wenn wir Kunden zu lange warten lassen, suchen sie woanders weiter.

Kannst du dich an ein Ereignis erinnern, bei dem Abwarten strategisch besser gewesen wäre als vorschnelles Handeln?

Das kam oft vor, weil ich unüberlegt und schnell auf E-Mails geantwortet habe. Jetzt lasse ich das über Nacht liegen, mit dem Nachteil, dass ich nicht schlafen kann und darüber grüble.

Mit welchem Sport würdest du die vertriebliche Arbeit vergleichen?

Ich liebe die Natur und bin beim Skifahren und Biken gerne flott unterwegs, aber als guter Vertriebler musst du nicht nur schnell sein, du brauchst auch die Ruhe, Ausdauer und Geduld eines Anglers. Das Verkaufen teilt sich grob in drei Abschnitte:

1. Würmer in das Wasser werfen (Marketing)

2. Den Fisch an Land ziehen, wenn er nach dem Wurm geschnappt hat (Verkaufsgespräch)

3. Braten des Fisches (Auslieferung des Produktes oder der Dienstleistung).

Das große Problem ist: Viele Menschen vergessen, dass sie nie einen Fisch braten werden, wenn sie nicht genügend Würmer ins Wasser werfen.

Wie nennst du in einem Verkaufsgespräch den Preis?

Der Preis ist eine fixe Produkteigenschaft, wie das Gewicht, die Farbe oder technische Ausstattung eines Autos. Deshalb musst du in einem Gespräch den Preis gleich nach der Bedarfsanalyse nennen. Und zwar entspannt – ohne Pause davor und danach. Zum Beispiel so: »Frau X geht in ihren Vorträgen individuell auf ihre Themen ein. Ihr Honorar ist 4.900.- EUR zuzüglich Reisekosten und Mehrwertsteuer, ihr technisches Equipment bringt sie mit, aber es wäre schön, wenn Sie vor Ort für eine entsprechende Beschallung und einen Bühnenspot sorgen könnten.«

Auf keinen Fall darfst du den Preis ans Ende des Satzes packen. Profis haben ein Gefühl für Timing und wissen, wann sie Pausen machen dürfen und wann nicht.

Wäre eine Welt ohne Warten eine bessere oder eine schlechtere Welt?

Warten ist wichtig. Es lehrt uns Menschen Demut.

Aber viele sind dumm beim Warten. Wenn ich Frühstückssemmeln hole, die Menschen vor mir fünf Minuten in der Warteschlange stehen und am Schalter immer noch nicht wissen, was sie bestellen wollen, nervt mich das. Wenn ich mein Unternehmen so führen würde, gäbe es uns lange nicht mehr.

Du bist gerne in der Natur und liebst die Berge. Können wir von der Natur etwas über das Warten lernen?

Die Natur entschleunigt und schenkt dir Zeit zum Nachdenken. Einmal habe ich mit meiner Frau auf dem Mountainbike die Alpen überquert. Wenn du mehrere Stunden in unberührter Natur nebeneinander herradelst, bekommt jedes Wort Gewicht. Du laberst nicht nur, um etwas zu sagen.

Welche Abwesenheitsnotiz würdest du kurz vor deinem Tod einrichten?
Die gute Nachricht: Endlich habt ihr Ruhe vor mir! ;-)

LET IT BE

To-do-Listen takten unseren Tag.

Es ist an der Zeit, mehr Let-it-be-Listen zu entwickeln, meint der Zeitforscher Jonas Geißler.

Mache es dir mit dem Song »Let it be« von den Beatles gemütlich, und überlege dir, was du nächste Woche auf keinen Fall tun willst.

Wagemutig
WARTEN

»Was soll das hier, und haben Sie Ihren Ausweis dabei?«

»Ja, ich sitze hier friedlich und lese den Leuten vor.«

»Ihnen ist klar, dass das ein unzulässiger Eingriff in den Straßenverkehr ist?«

»Nein, ich hab ja niemanden gefährdet.«

»Sie hören jetzt sofort auf damit, und wir vergessen die Sache, okay?«

Ich nicke und lasse die Ermahnung höflich über mich ergehen. Die beiden Kölner Polizeibeamten sind gut drauf und verschwinden. In Bayern hätten sie mich mitgenommen. Ich warte ein paar Minuten und tue so, als würde ich einpacken. Die beiden drehen eine kurze Runde und checken sicher gleich nochmal, ob ich mich an ihre Ansage halte. Bingo, da sind sie wieder. Ich lächle ihnen zu. Erst als sie endgültig weg sind, stelle ich meinen schönen roten Ohrensessel zurück an den Straßenrand und setze mich hinein. Chris, mein Kameramann, kommt aus dem Gebüsch gekrochen. Wagemutig legen wir sofort los, uns fehlt noch die Schlussszene.

Es ist Sommer 2006. Ich bin YouTuber der ersten Stunde. In meinem Webvideoformat »Der Servicepionier« habe ich den Dienstag zum DIENST-Tag erklärt. Einmal die Woche lade ich einen kurzen Clip auf Youtube hoch, in dem ich Menschen im öffentlichen Raum das Warten versüße. Besonders gut kommen meine Ampeltainment-Aktionen im Netz an. Während der roten Ampelphase stelle ich mich mitten auf die Straße und tanze wie bekloppt mit zwei roten Püscheln. Oder ich krieche unbemerkt an der Seite eines wartenden Autos entlang bis zur Kühlerhaube, zücke meine Kasperlepuppen und spiele eine kurze Szene aus der Augsburger Puppenkiste. Heute drehen wir den Vorleseservice: Die Ampel springt auf Rot, ein Auto hält direkt neben meinem Sessel. Ich lächle die Fahrerin an, sie kurbelt das Fenster herunter.

»Herzlich willkommen beim Vorleseservice. Ich lese aus Truman Capote, *Frühstück bei Tiffany*.«

»Das kenne ich schon.«

»Dann brauche ich es Ihnen ja gar nicht vorzulesen.«

»Doch, gerne, ist schon lange her.«

Ich lege los. Kurz bevor es grün wird, greift die Frau ins Handschuhfach, holt eine kleine Packung Gummibärchen heraus und schenkt sie mir.

»Danke, dass ich Ihnen vorlesen durfte. Morgen um dieselbe Zeit kommen Sie gern wieder vorbei, dann lese ich Ihnen die zweite Seite vor. In drei Jahren haben wir den Roman durch.«

Sie lacht.

»Wenn es Ihnen gefallen hat, dürfen Sie einmal laut hupen.«

Sie hupt. Mehrfach.

BEFREIE DIE GEISEL IN DIR

Warteberater Marc Wallert, *SPIEGEL*-Bestseller-Autor, Keynote Speaker

Marc Wallert aus Göttingen ist Autor des Bestsellers *Stark durch Krisen*. Als Deutschlands bekanntester Resilienz-Experte stärkt er Menschen im Umgang mit Stress oder Krisen und gilt laut *STERN als »der Aufrichter«*. Im Alter von 27 Jahren überlebte Marc als Geisel 140 Tage im philippinischen Dschungel. Wenn jemand weiß, was warten heißt, dann er.

Vom 23. April bis 9. September 2000 saß ich im philippinischen Dschungel und wartete als Geisel auf meine Freiheit, entführt von Kämpfern der Terrorgruppe Abu Sayyaf. Bis ich freikam, blieb es ungewiss, ob ich überleben würde. Die Geiselhaft war ein knallhartes Ausdauer-Bootcamp. Hätte ich von Anfang an gewusst, dass mich 140 Tage Gefangenschaft inmitten eines Guerillakriegs erwarten, ich hätte womöglich aufgegeben.

Damals, mit 26, hatte ich mir vom Urlaub in Malaysia vor allem eines erhofft: viel Zeit. Erholung von meinem hektischen Berateralltag bei PwC und Qualitätszeit mit meinen Eltern, die ich seit meinem internationalen Karrierestart kaum gesehen hatte. Wir genossen das Unterwasserparadies von Sipadan, einer traumhaften Taucherinsel. Kein Stress, nichts übertreiben und einfach mal untertauchen!

Am Ostersonntag 2000 versucht uns mein Vater nach einem herrlichen Tag zu einem Nachttauchgang zu überreden. Ich will lieber entspannt einen Cocktail trinken und den Sonnenuntergang genießen.

Am Strand blicken wir gemeinsam in den rötlichen Abendhimmel und beobachten andere Schwimmer, wie sie im dunklen Pazifik abtauchen. Friedlicher geht es nicht.

»Go, Go, Go!« – bewaffnete Männer stürmen unser Tauchresort und schreien uns an. Mit vorgehaltenen Sturmgewehren zwingen sie uns auf zwei Fischerboote. Für uns und achtzehn weitere Geiseln beginnt eine albtraumhafte Wartezeit.

Akzeptieren

Auf dem Boot der Entführer kreisen meine Gedanken um zwei Sätze: »Warum wir?« und »Hätten wir bloß den Tauchgang gemacht.« Mit dem eigenen Schicksal zu hadern ist menschlich, auf Dauer aber sinnlos. Das Beste, was du in misslichen Lagen machen kannst, ist, das Beste daraus zu machen. Klingt banal. Ist aber so.

Ob du entführt wirst oder durch einen blöden Zufall deinen Zug verpasst: Es lässt sich nicht rückgängig machen. Es ist, wie es ist. Früher oder später werden die meisten von uns Geiseln widriger Umstände. Wir geraten unfreiwillig und unverschuldet in etwas hinein. Eine hoffnungsvolle innere Haltung hilft, das eigene Schicksal anzunehmen: »Wer weiß, wofür es gut ist?«.

Ich will nichts schönreden. Nicht jeder lernt im Bahnhofscafé beim Warten auf den verspäteten Anschluss die große Liebe kennen. Kurzes Fluchen ist okay, als akutes Druckventil nützlich. Doch der Blick sollte schnell nach vorne gehen.

Sein Schicksal »anzunehmen« bedeutet nicht, es »hinzunehmen«! Im Gegenteil: Es geht um das Annehmen der Herausforderung, raus aus der Opferhaltung, rein ins Handeln. »Was wäre jetzt die beste Option?«

Manchmal sind wir gefangen in Umständen, die wir nur bedingt beeinflussen können. Zug zu spät, Termin verpasst, Kunde verärgert. Bei uns Geiseln war der Urlaub geplatzt, und unser Leben lag in den Händen fremder Terroristen. Und jetzt? Einfach abwarten? Tee trinken? Loslassen? Bloß nicht! Es ist ein entscheidender Unterschied, ob man »nur« seine physische Freiheit einbüßt oder auch die innere.

Körperlich konnten wir unserem Schicksal zwar nicht entfliehen – dieser Zug war abgefahren. Doch du kannst immer etwas tun, um deine Lage psychisch zu verbessern. Als Gestalter fühlst du dich weniger ausgeliefert. In der Psychologie spricht man von »Selbstwirksamkeit«.

Handeln

Wochenlang saßen wir gefangen im Dschungel. Wir hatten Hunger und Todesangst, waren erschöpft und verzweifelt. Immer wieder machten uns die Entführer Hoffnung auf ein baldiges Ende. »Soon, very soon«, lautete ihre Standardantwort auf unsere Frage nach der Freilassung. Je mehr Hoffnung sie uns machten, desto ungeduldiger wurden wir.

Während der Pandemie ging es vielen Menschen wie uns im Dschungel: Sie wurden »Geiseln« eines Virus und der Maßnahmen, die die gewohnte Freiheit einschränkten. Der »Freedom Day« schien zum Greifen nah. Doch es dauerte und dauerte und dauerte.

Auf Erlösung zu warten, ohne zu wissen, ob und wann sie eintritt, ist tückisch. Da braucht es Geduld ohne Passivität! Wer abwartet, bis sich die äußeren Umstände verbessern, macht sich zum Opfer.

Klar, als Geisel hast du wenig Möglichkeit zu handeln. Du bist »entführt«, hast die Führung verloren. Doch unsere innere Freiheit behielten wir. Stück für Stück nahmen wir unser Schicksal in die Hand.

In unserem Dschungelgefängnis saßen wir den ganzen Tag auf dem Boden und hatten schreckliche Rückenschmerzen. Eines Tages war es mir möglich, Holz und Werkzeuge zu bekommen. Ich nutzte sofort die Gelegenheit und begann einen Stuhl zu bauen, mitten im Dschungel. Darauf konnten wir uns endlich aufrecht hinsetzen und anlehnen – die Rückenprobleme waren passé. Und das Gefühl der Ohnmacht war verschwunden. Ich fühlte mich stärker, innerlich frei und »selbstwirksam«.

Wer unfreiwillig zur Geisel äußerer Umstände wird – zum Beispiel unverschuldet den Zug verpasst –, verschlimmert mit Jammern sein Schicksal. Verändere den Fokus, und nutze die geschenkte Zeit.

Hoffen

Der Dschungel, ein Fall für »Carpe diem«? Lebe jeden Tag, als wäre es dein Letzter? Eher nicht. Wir harrten aus, ohne zu wissen, ob wir den nächsten Tag überleben würden, umgeben von Krankheiten, Krieg und Drohungen, uns zu enthaupten. Wir wollten den Tag unserer Freilassung erleben und mussten uns körperlich sowie mental auf eine lange Zeit vorbereiten und Reserven einteilen.

Wie motivierst du dich zum Durchhalten, wenn du nicht weißt, ob du das Ziel jemals erreichen wirst? Indem du dir Hoffnung machst, dich gedanklich in die Zukunft »beamst« und nicht auf Motivation von außen wartest.

In Gefangenschaft stellte ich mir vor, wie ich meinem Bruder Dirk nach meiner Freilassung von meinen Erlebnissen »damals im Dschungel« erzählen würde. Diesen Moment konnte ich mit allen Sinnen spüren: wie wir in meiner Lieblingskneipe sitzen, das kühle Bier in der Hand, mit einem »Ping« anstoßen würden und ... hm, lecker! Diese Vision gab mir Kraft und meinem Warten einen Sinn.

Lachen

Es gibt Geduldsproben im Leben, da ist einem zum Weinen zumute. Weinen ist keine Schande, sondern eine körperliche Reaktion und Strategie. Weinen löst Stress, messbar. Und wenn alle Tränen vergossen sind, geht immer noch Lachen.

Einer der Entführer sagte zu uns: »Wenn die kein Lösegeld zahlen, enthaupten wir euch.« Ich zu mir: »Jetzt nur nicht den Kopf verlieren.« Meine Geiselhaft war eine unerwartete Geduldsprobe. Meine Auszeit vom hektischen Berateralltag hatte ich so was von bekommen, ein echtes Sabbatical. Monatelang abschalten, ohne Handy, keine Termine. Und das im T-Shirt unter Palmen – ein Traum! Galgenhumor brauchte ich auch nach unserer Rückkehr. Im Internet sah ich eine Bildercollage, die mich und meine Eltern in Gefangenschaft zeigte, mit dem Snickers-Slogan »Wenn's mal wieder länger dauert«.

Musst du unfreiwillig warten? Nimm es mit Humor! Befreie die Geisel in dir, lass das Jammern, und mach das Beste draus: Du sitzt nur auf Gleis zwölf und nicht im Dschungel.

WARTE WAGEMUTIG WIE EIN PIRAT
Warteberaterin Stefanie Voss, Weltumseglerin,
Keynote Speakerin

Stefanie Voss ist Leadership und Team Coach,
Speakerin und Weltumseglerin. Sie ist Auto-
rin des Buches: *Die Piratenstrategie: Leben ohne
Wenn und Aber.* Mit ihren Vorträgen und Work-
shops wird Stefanie international gebucht von
DAX-Konzernen, KMUs sowie dem öffentlichen
und sozialen Sektor. Wenn sie daneben noch
Zeit findet, arbeitet sie als Warteberaterin in der
Schöner Warten-Hotline.

Vor knapp vierhundert Jahren im »Goldenen Zeitalter
der Piraterie« hatte das Warten Hochkonjunktur. Besonders in der Karibik gab es zu dieser Zeit viele Seeräuber. Sie lebten nicht nur auf den Schiffen, mit denen
sie auf Beutefahrt gingen, auch an Land hatten sich
etliche, kleine Piratennester etabliert. Von Jamaika bis
zu den Bahamas und der Insel Tortuga, die wir aus den
Jack-Sparrow-Filmen kennen, konnte man die säbel-
schwingenden Haudegen antreffen.

Obwohl Piraten wagemutige Rebellen voller Ta-
tendrang waren, gehörte das Warten zu einem er-

folgreichen Seeräuberdasein. Sie brauchten eine Riesenportion Geduld, um im richtigen Moment zuzuschlagen. Englische Seeräuber lauerten wochenlang auf die nächste spanische Silberflotte aus Panama. Wenn ein großer Transportverband auf dem Weg nach Europa war, konnten sie mit einem gelungenen Raubzug fette Beute machen. Wind und Wetter zwang die Seeleute zum Abwarten. Erst nach dem Ende der Tropenstürme war es halbwegs sicher, auf große Fahrt zu gehen, manchmal gab es tagelange Flaute. Diese Wartezeiten nutzten die Piraten: Sie hielten sich mit Rum, Musik, Tanz und Gesang bei Laune und warteten und pflegten ihr Material: Kanonen, Handwaffen und Munition oder einzelne Teile der Takelage.

Piraten lebten gefährlich. Wer sich entschieden hatte, als einfacher Seemann die legalen Jobs in der Seefahrt hinter sich zu lassen und auf einem Piratenschiff anzuheuern, der hatte von den Autoritäten der Welt nur eins zu erwarten: den Galgen. Piraten waren wagemutige Rebellen, ausgebrochen aus einem gesellschaftlich manifestierten System von Ungleichheit und Unterdrückung. Sie hatten sich für ein Leben in Freiheit entschieden, trotz des hohen Preises, der ihnen drohte.

Stell dir vor, du wärst eine Piratin oder ein Pirat: Du handelst wagemutig und pfeifst auf Konventionen. Freiheitsliebe und Selbstbestimmung sind dir wichtiger als Angst, Scham oder Regeln. Du willst Beute machen, vielleicht keine Golddublonen, aber spannende Erfahrungen, Schritte raus aus der Komfortzone und Gänsehaut-Momente. Das sind die Juwelen, die du in deiner Schatzkiste sammelst.

Wie würdest du reagieren, wenn du das nächste Mal in einer unangenehmen Wartesituation gefangen bist? Jammern? Meditieren? Einfach Abwarten und Tee trinken – ganz ohne Rum? Viel zu *un*wagemutig!

Stattdessen habe ich hier drei wagemutige Warteideen für dich:

1) Die Supermarktkasse ist *der* perfekte Ort, um Zungenbrecher zu üben. Selbstverständlich bekommen das die umstehenden Personen mit, das ist der Sinn der Sache. Sonst wäre es nicht wagemutig. Zum Beispiel dieser hier: »Wenn um Rumkugeln Rumkugeln herumkugeln, kugeln um Rumkugeln Rumkugeln herum.« Oder etwas schwieriger: »Wenn sieben schwarze Schlangen siebenundsiebzig frische Fische verschlingen, werden siebenundsiebzig frische Fische von sieben schwarzen Schlangen verschlungen.« Und wenn du es besonders wagemutig magst, fragst du die Leute vor oder hinter dir nach ihrem Lieblings-Zungenbrecher.

2) Die Warteschlange am Flughafen-Check-in eignet sich – wie das enge Achterdeck eines Segelschiffes – hervorragend zum Tanzen. Als Partner hast du deinen Koffer. Er bleibt stehen, du bewegst dich. Stöpsel ins Ohr, gute Musik an und los geht's! Kleiner Tipp, falls du dich schämst: Mach beim Tanzen die Augen zu, dann sieht dich keiner ...

3) Ihr wartet als Gruppe, Crew oder Mannschaft? Dann erfindet gemeinsam eine Geschichte. Piraten liebten Geschichten und Legenden über die berühmtesten Freibeuter, die häufig weitererzählt wurden.

Es ist ganz einfach: Eine Person fängt an und sagt einen Satz, die nächste Person spinnt das Seemannsgarn weiter. Nach zehn bis fünfzehn Sätzen ist hoffentlich eine schräge Geschichte entstanden. Ein guter Einstieg wäre: »Es war einmal ein fröhlicher Mann mit Holzbein, der in Berlin lebte ...« Und beim zweiten Versuch ladet ihr die Menschen, die um euch herum mitwarten, direkt zum Mitmachen ein.

Jetzt bist du dran. Warten ist kein Schicksal. Dumm rumstehen kannst du morgen noch. Sei wagemutig wie ein Pirat, und dich erwartet die Adrenalin-Dusche mit waschechtem Pirateneffekt.

Literarisch
WARTEN

- »Welches Buch haben Sie noch nicht gelesen?«
- »Den *Schatz im Silbersee*.«
- »Wie oft haben Sie den *Schatz im Silbersee* noch nicht gelesen?«
- »Mindestens dreimal.«
- »Was steht in Ihrem ungelesenen Buch?«
- »Dem Titel nach wird da nicht viel gestanden, sondern mehr geschwommen, geschätzt und versilbert.«

Ich bin in der Villa Zanders in Bergisch Gladbach und gebe ein Interview. Eigentlich wollte ich mit meiner Frau nach dem gemeinsamen Tanzkurs noch schnell die Ausstellung »Bibliomania – Das Buch in der Kunst« anschauen. Jetzt sitze ich mit dem österreichischen Künstler Julius Deutschbauer an einem kleinen Tischchen und beantworte seine Fragen. Er hat im ersten Stock des Museums seine »Bibliothek der ungelesenen Bücher« aufgebaut. Fein säuberlich aufgereiht stehen hunderte Bücher in einem riesigen Regal hinter uns – akribisch sortiert und beschriftet: *Eine kurze Geschichte der Zeit* hat Gabriele Adler noch nicht gelesen. *Der Name der Rose* hat Karin Fleischanderl noch nicht gelesen. *Die 120 Tage von Sodom* hat Olaf Kröck noch nicht gelesen.

Die Bibliothek führt eine Bestsellerliste: auf Platz eins Robert Musils *Der Mann ohne Eigenschaften* mit 22 Nennungen. Danach James Joyce' *Ulysses* (20), die *Bibel*

(19) und Marcel Prousts *Auf der Suche nach der verlorenen Zeit* (16).

Das Herz der Bibliothek, die Deutschbauer seit 1997 betreibt, bildet das Audioarchiv auf seiner Webseite, in dem knapp 800 Interviews zu ungelesenen Büchern verzeichnet sind. Ein magischer Ort der Vorfreude, Fantasie und Leichtigkeit, der zeigt, wie schön es sein kann, wenn Bücher auf Leser warten.

Wir sind mit dem knapp zwanzigminütigen Interview fertig. Ich stelle mich ans Regal und durchforste die Bibliothek: *Die Entdeckung der Langsamkeit* hat Doris Krystoph noch nicht gelesen. *Die unendliche Geschichte* hat Kathrin Mayer noch nicht gelesen. Das *Wiener Telefonbuch* hat Christian Casata noch nicht gelesen.

Die Bücher lächeln mich an. Es stimmt: Papier ist geduldig.

REISENDER STILLSTAND

Im Frühjahr 1790 stand der französische Offizier Xavier de Maistre wegen eines Duells sechs Wochen lang unter Hausarrest. Diese Wartezeit ließ er nicht ungenutzt verstreichen. Er erklärte sein Zimmer zur Welt und machte sich auf die Reise, ohne sich vom Fleck zu bewegen.

Frühmorgens zog er sich Reisekleidung an, die Gegenstände im Raum markierten seine Reiseroute. Die Erlebnisse der Rundreise brachte er zu Papier. So entstand ein abenteuerlicher, amüsanter Gedankenspaziergang, der auf den wundersamen Kontinent der Fantasie entführt: »Mein Zimmer liegt nach den Messungen von Padre Beccaria unter dem fünfundvierzigsten Breitengrad, seine Lage zeigt von Osten nach Westen, es bildet ein Rechteck, das ganz nah der Wand sechsunddreißig Schritt im Umfang hat. Meine Reise wird jedoch deren mehr enthalten; denn ich werde in ihm oft ohne Plan und ohne Ziel hin und her oder diagonal wandern.«

Sein Buch *Die Reise um mein Zimmer* wurde ein literarischer Überraschungserfolg zu einer Zeit, in der Ferdinand Magellan, Francis Drake oder James Cook die Welt bereits umsegelt hatten. Durch die Reiseberichte der Aufklärung war die gesamte Welt weitgehend beschrieben, die Sehnsucht nach der Entdeckungsreise, dem Fremden und Unbekannten blieb.

Es war kein Zufall, dass die Robinsonade zur erfolgreichsten literarischen Gattung des 18. Jahrhunderts avancierte. De Maistre parodierte und übertraf diese Expeditionen. Außerdem setzte er einen Gegentrend zur fortschreitenden Industrialisierung, die dazu führte, dass sich Arbeitsabläufe rationalisierten und radikal beschleunigten.

In Werken von Edgar Allan Poe und Gustave Flaubert entstand zu dieser Zeit die literarische Figur des Flaneurs, der sich wissentlich und willentlich für ein langsames, gemächliches Gehen entscheidet und seine Stadt zum Ziel von Exkursionen macht. Dieses literarische Konzept setzte Walter Benjamin im 20. Jahrhundert mit seinem *Passagen-Werk* fort. Darin berichtet er von Leuten, die mit Schildkröten unterwegs sind und sich zwingen, langsam zu laufen und ihre Wahrnehmung zu schärfen.

Bis heute inspiriert de Maistre viele Nachahmer, wie Bernd Stiegler in seinem Buch *Reisender Stillstand*[10] beschreibt:

Autoren begannen ihre Hosentasche, die Schublade, oder den eigenen Garten zu bereisen. Der französische Journalist Joel Henry, Erfinder des experimentellen Reisens, entwickelte eine moderne Form des Zimmerreisens. Er schlägt zum Beispiel vor, ein zufällig gewähltes Planquadrat des örtlichen Stadtplans zu erkunden oder

---

[10] Bernd Stiegler, *Reisender Stillstand, Eine kleine Kulturgeschichte der Reisen im und um das Zimmer herum*, S. Fischer Verlag, Frankfurt/Main, 2010

einen ganzen Tag am Flughafen zu verbringen. Beim »Slow Return Travel« sollen die Reisenden mit ihrer Reisegeschwindigkeit experimentieren: »Wähle ein sehr

weit entferntes Ziel, und reise auf möglichst schnelle Weise dorthin. Mache auf der Rückreise das Gegenteil, und wähle ein Transportmittel, das möglichst langsam ist.«

Selbst der französische Internetkomiker Remi Gaillard steht in dieser Tradition.

In einem seiner viralen Videoclips verkleidet er sich als überdimensionale Riesenschnecke, kriecht aufreizend langsam über eine Straße und bringt den gesamten Autoverkehr zum Erliegen.

Für ihr wunderbares Werk *Die Autonauten auf der Kosmobahn* war das Schriftstellerpaar Carol Dunlop und Julio Cortazar ebenfalls im Schneckentempo unterwegs. Im Jahr 1982 begeben sie sich auf ihre letzte Reise. Beide sind todkrank, Dunlop wird kurz darauf an Leukämie sterben. Manche Menschen würden auf den letzten Metern im Angesicht des Todes das Besondere suchen: einen Berggipfel, das Meer oder ein fremdes Land.

Dunlop und Cortazar suchten das Besondere im Alltäglichen. Sie wählten als Ziel einen öden *Lost place* und Ort des Grauens: die Autobahn.

Ihre banale Reise von Paris nach Marseille wird ein surrealistisches Experiment und eine der schönsten und liebevollsten Expeditionen der Literaturgeschichte. Mit Proviant, einer Kamera und zwei Reiseschreibmaschinen ausgestattet, verfolgen sie ihr letztes gemeinsames Vorhaben. Sie steuern alle dreiundsechzig Rastplätze auf der »autoroute du soleil« an, auf jedem zweiten übernachten sie. Mit dem drängenden Eifer von Forschungsreisenden dokumentieren sie ihre Erlebnisse in einem Logbuch. Das Experiment erfolgt nach klar vorgeschriebenen Regeln:

»1. Die Strecke Paris–Marseille zurücklegen, ohne ein einziges Mal die Autobahn zu verlassen.

2. Alle Rastplätze erforschen, und zwar jeweils zwei pro Tag, wobei auf dem zweiten immer und ohne Ausnahme die Nacht zu verbringen ist.

3. Auf jedem Rastplatz wissenschaftliche Erhebungen durchführen und die entsprechenden Beobachtungen aufzeichnen.

4. In Anlehnung an die Reiseberichte der großen Forscher der Vergangenheit ein Buch über die Expedition schreiben.«

So entsteht ein bunter Mix aus Zeichnungen, Tagebucheinträgen, selbst geschossenen Fotos und Statistiken. Für eine Strecke von etwa 800 Kilometern, die man mit dem Auto normalerweise in acht bis neun Stunden zurücklegen kann, veranschlagen sie 32 Tage. Durch extreme Entschleunigung im Tempo einer Postkutsche gewinnen sie einen überraschenden und verzaubernden Blick auf die Banalitäten des Alltags. Der Autobahnparkplatz verwandelt sich in ein »Parkingland«, ein Land der Freiheit und Liebe, umschlossen von einem Maschendrahtzaun. »Als ich den Pfad erklommen hatte, war der Duft eines mit weißen Blüten übersäten Busches wie eine Stimme, die zu mir sagte: Siehst du, das ist nicht mehr der Geruch der Autobahn, hier betritt man eine andere Welt.«

Im eigenen Wohnzimmer, an der Bushaltestelle oder auf der Autobahnraststätte: Wo sich nichts ereignet, ist viel wahrnehmbar. Wenn wir den Blick schärfen, warten überall Wunder auf uns.

DAS WARTEN IST DES MÜLLERS LUST
Warteberater Jürgen Becker, Kabarettist

Jürgen Becker aus Köln ist Solokabarettist und gehörte zu den Gründern der *Kölner Stunksitzung*. Von 1992 bis 2020 moderierte er die legendären *Mitternachtsspitzen* im WDR-Fernsehen. Jürgen war als telefonischer Warteberater in der *Schöner Warten*-Hotline im Einsatz. Der Spaß war so groß, dass er auch in diesem Buch dabei ist. Schön!

Wann haben wir das Warten verlernt? Diese Fähigkeit muss uns Deutschen früh verlustig gegangen sein, denn schon beim Hören uralter Volkslieder offenbart sich hektische Betriebsamkeit:

»Hoch auf dem gelben Wagen sitz ich beim Schwager vorn! ... Felder, Wiesen und Auen, leuchtendes Ährengold. Ich möchte so gerne noch schauen. Aber der Wagen, der rollt!«

Das Vehikel kann nicht warten. Die Sendung muss zum Empfänger. Die ganze Zeit rollt der Wagen. Eine arme Sau arbeitet bei der Post als Auslieferer und hat keine Zeit, mal anzuhalten, atemlos galoppiert die Fuhre voran.

Oder: »**Im Märzen der Bauer die Rösslein einspannt.** Er ackert und egget, er pflüget und sät und regt seine Hände gar früh und noch spät.«

Das sind unsere Volkslieder: Alle immer am Malochen, immer unter Druck, immer gestresst, immer schneller, immer im Dienst der Wirtschaft.

»**Es klappert die Mühle am rauschenden Bach. Klipp Klapp.** Bei Tag und bei Nacht ist der Müller stets wach. Klipp Klapp.« Der arme Mann ist Tag und Nacht im Job aktiv. Ohne Pause. Ohne Wochenende. Ohne Zeit für die Familie. Immer im Hamsterrad. Immer unter Zeitdruck.

Das sind unsere Volkslieder, sie wurden zum Soundtrack unseres ständig wachsenden Wohlstandes. Wir werden immer mehr haben, es wird uns immer besser gehen. Das war das Mantra des Kapitalismus, das ewige Versprechen für die Zukunft. Billige fossile Energie importieren und damit Exportweltmeister werden, das war unser Erfolgsrezept. Bis jetzt!

Nun wird die Energie viel teurer und die Exporte schwieriger. Unsere Wirtschaftswunderkerze brennt von beiden Seiten ab. Hinzu mahnt die Klimakatastrophe immer dringlicher, dass unsere hochtourige Hektik zu atmosphärischer Überhitzung führt. »**Bei Tag und bei Nacht ist der Müller stets wach.**« Nein, er sollte besser mal eine Pause einlegen und das Warten wieder lernen. Da kommt die Krise gerade recht: Die globalen Lieferketten sind störanfällig, und es ist nicht mehr alles sofort lieferbar. Und die Mühlen dürfen im großen Stil einen anderen Zweck erfüllen. Windmühlen produzieren heute kein Bio-Mehl mehr, sondern Öko-Strom.

Und wer die Dekarbonisierung selbst in die Hand nimmt und ein E-Auto steuert, lernt wieder zu warten: an der Ladesäule. Man bekommt ein verloren geglaubtes Stück Langsamkeit zurückgeschenkt.

Ausgerechnet jetzt, wo uns im Kampf gegen den Klimawandel die Zeit davonläuft, dürfen wir das Warten wiederentdecken:

Nahezu alle Autobahnrasthöfe haben einen Hinterausgang mit **»Felder, Wiesen und Auen, leuchtendem Ährengold. Ich möchte so gerne noch schauen ...«** Bitte schön! Der Wagen rollt gerade nicht. Wunderbar.

WARTEZIMMER-REISE

Mache eine Zimmerreise, wenn du das nächste Mal in einem Wartezimmer sitzt. Wandle auf den Spuren von Xavier de Maistre. Spaziere in Gedanken am Boden entlang, klettere den Heizkörper hinauf, balanciere am Fensterbrett entlang, und seile dich an der Wand wieder ab. Oder betrachte mehrere Minuten lang deine eigene Hand, und reise gedanklich in unentdeckte Gefilde.

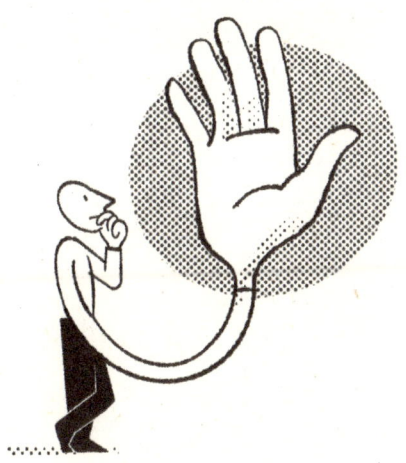

Kulturell
WARTEN

12:30. Ich stehe mit John in einer Warteschlange am Geldautomaten in der Lower Ashley Road in Bristol, England. Wir haben gerade Mittagspause und brauchen Cash. In einer halben Stunde geht der Unterricht an der Zirkusschule weiter, die wir seit Anfang September besuchen.

»Warum steht ihr Engländer eigentlich so diszipliniert in der Schlange?«

»Wir haben es im Blut. Wir können nicht Elfmeterschießen, aber Schlange stehen können wir. Vor zehn Jahren gab es hier in St. Pauls Straßenunruhen, und Läden wurden geknackt. Da haben selbst die Hooligans ordentliche Schlangen gebildet, bevor sich einer nach dem anderen mit Elektronikartikeln versorgte.«

Viele Jahre später, als ich begonnen hatte, mich wissenschaftlich mit dem Thema Warten zu beschäftigen, hörte ich von einem ähnlichen Vorfall in Glasgow: An einem Geldautomaten, der wegen eines technischen Defekts zu viel Scheine ausspuckte, bildete sich eine lange, gesittete Warteschlange. Bei uns in Deutschland würden sich die Leute um das Geld prügeln. Zu Recht gelten die Engländer als Könige des Schlangestehens. Der britische Komiker George Mikes schrieb 1946 in seinem Buch *How to be an Alien*:

»Am Wochenende stellt sich der Engländer an der Bushaltestelle an, er fährt nach Richmond, stellt sich für ein Boot an, dann für einen Tee, ein Eis und für noch viel mehr, weil es so viel Spaß macht. Viele englische Familien verbringen angenehme Abende zu Hause, nur indem sie gemeinsam ein paar Stunden lang in einer Schlange stehen. Die Eltern sind sehr traurig, wenn die Kinder sich verabschieden und eine neue Schlange bilden, um nacheinander ins Bett zu gehen.«

Trotz der Warteaffinität der Briten entstand das moderne Phänomen der Warteschlange in Frankreich. Zu Zeiten der französischen Revolution bildeten sich wegen Brotknappheit und Hungersnöten lange Warteschlangen vor den Bäckereien. Es passte gut zum Gleichheitsgebot der Revolutionäre, dass sich die Menschen geduldig hintereinander anstellten und nicht vordrängelten. Mit seinem Werk *Die französische Revolution: Eine Geschichte* machte der viktorianische Historiker Thomas Carlyle dieses Konzept des Schlangestehens 1837 in England bekannt. Der britische Mythos, dass die Engländer geduldige Schlangensteher sind, sei durch eine Kampagne im Zweiten Weltkrieg befeuert worden, meint Joe Moran, Autor des Buches *Queuing for Beginners* (»Schlange stehen für Anfänger«). Als das hungernde Volk für Essensrationen anstehen musste, wurde das Bild von vorbildlich wartenden Menschen politisiert. Nach dem gewonnenen Weltkrieg hatte man die Warteschlange zu einem britischen Symbol für Anstand, Fairplay und Demokratie verklärt.

Warteschlangen erzählen Geschichten über wirtschaftlichen Aufstieg und Niedergang und wurden zu einem Symbol für die ökonomische Unterlegenheit des Ostblocks. Der Historiker Stefan Wolle bezeichnet das ewige Schlangestehen als einen der Gründe für die aufsässige Stimmung Ende der 1980er-Jahre in der DDR. Das polnische Brettspiel *Kolejka* (zu Deutsch »Warteschlange«) versetzt die Spielenden zurück in eine Zeit des Hoffens und Wartens: Jeder Spieler erhält einen Einkaufszettel und versucht, die nötigen Waren zu ergattern. Die Spielfiguren reihen sich in den Warteschlangen vor den Läden ein. Nach der knappen Warenlieferung beginnt die Drängelphase. Nur die ersten in der Schlange dürfen Waren nach Hause tragen.

Während der Vorbereitung auf die Olympischen Sommerspiele 2008 in Peking startete das kommunistische China eine Umerziehungsmaßnahme, um der eigenen Bevölkerung westliche Warteschlangenkonventionen näherzubringen. Die Regierung wollte vor der Weltöffentlichkeit ein gutes Bild abgeben und beim Massenansturm der Besucher das gefürchtete Gedränge vermeiden. Da die chinesischen Schriftzeichen für die Zahl Elf wie zwei Personen aussehen, die in einer Schlange stehen, hat man den 11. jeden Monats zum Tag der Warteschlange auserkoren. Das offizielle chinesische Ethikbüro pflasterte die Pekinger Innenstadt mit Erziehungsslogans auf Schildern:

»Ich warte in der Schlange und bin kultiviert.«

»Es ist zivilisiert, in der Schlange zu stehen, und es ist glorreich, höflich zu sein.«

»Ich bin Mitglied der Schlange.«

Während das kommunistische China mit Warteerziehung beschäftigt war, gab es zur selben Zeit im kapitalistischen Japan einen handfesten Warteskandal, berichtet der Warteschlangenforscher David Andrews in seinem Buch *Why does the other line always move faster?*: McDonald's hatte bei der Markteinführung des

Quarter Pounder in Fastfood Filialen in Osaka Tausende professionelle Schlangensteher angeheuert. Für zwölf Dollar pro Stunde und ein kostenloses Essen täuschten sie einen Ansturm auf die Läden vor. Was auf den ersten Blick im Fast-Food-Geschäft widersinnig erscheint, hat im warteaffinen Japan lange Tradition. Immer wieder versuchen dort Firmen durch künstlich verlängerte Schlangen einen Run auf ihre Produkte zu erzeugen.

16:30. Der Nachmittagsunterricht an der Zirkusschule ist vorbei. Es gibt Essen. Ich renne aus dem Trainingsraum hoch in die Kantine, um Erster zu sein. Niemand vor mir, noch niemand hinter mir und trotzdem eine Schlange: »An Englishman, even if he is alone, forms an orderly queue of one«, George Mikes.

EIN TELEFONAT MIT KHALIL KHALIL
Warteberater, Jurist, Mediengestalter, Redner

Khalil Khalil musste Ende 2015 wegen des Krieges aus Syrien nach Europa fliehen. In Baden-Baden lernte er blitzschnell Deutsch, inklusive verschiedener Dialekte. Seitdem engagiert er sich als Vermittler zwischen den Kulturen. 2019 wurde Khalil mit der Heimatmedaille des Landes Baden-Württemberg ausgezeichnet. Seine von Arte verfilmte Lebensgeschichte erhielt eine Nominierung für den CIVIS-Preis 2021. Derzeit arbeitet er beim SWR und hält privat Vorträge über Flucht, Integration, Sprache und Dialekte, Demokratie und Diversität.

Bist du ein geduldiger oder ungeduldiger Mensch?
Sehr ungeduldig. Mittlerweile kann ich mich ein wenig zusammenreißen. Es gibt Dinge, welche Zeit bedürfen, um ausgegoren zu werden – so wie mein Deutsch.

2015 bist du wegen des Krieges aus Syrien geflohen. Wie war die Wartezeit auf dem Schlauchboot zwischen der Türkei und Griechenland?

Der Schlepper meinte beim Einsteigen: »Es dauert eine Stunde.« Es hat fünf Stunden gedauert. Schrecklich ist das Warten, wenn es ungewiss ist, und wenn es um Leben und Tod geht. Ich war Nichtschwimmer. Du siehst beim Einsteigen, dass der Teufel dich begleitet. *To be or not to be.* Das Aussteigen war eine neue Geburt.

Du hast außergewöhnlich schnell die deutsche Sprache gelernt und wurdest mit der Heimatmedaille des Landes Baden-Württemberg ausgezeichnet. Wie lange musstest du warten, bis du kein »Flüchtling« mehr warst?

Bis wann begleitet dieses sprachlich minderwertige Substantiv jemanden, der sich davon befreien will? Ich sehe mich schon lange nicht mehr als »Flüchtling«. Wir sollten Menschen als Menschen behandeln und nicht als Teil eines »Stroms«, einer »Flut«, einer »Welle«. Die Menschen von hier sollten sich an der letzten Zeile von Goethes Osterspaziergang orientieren: »Hier bin ich Mensch, hier darf ich's sein.«

Welches deutsche Buch hast du zuerst gelesen?

Faust 1, aber das kam mir spanisch vor.

Muss man warten können, um kreativ zu sein?

Ja, Geduld ist des Pudels Kern.

Für welches Ereignis würdest du dich zwei Tage lang in eine Warteschlange stellen?
Für die Premiere meines ersten eigenen Buches, aber das wird noch a bisserle dauern.

Du liebst Dialekte wie das Badische und Schwäbische. Warten die Schwaben anders als die Badener?
Die Schwoba braucha mehr Zeid und warda länger, bis sie jemandem verdraua.

Wie wartet man in Deutschland?
Deutsch sein ist, wenn du fünf Minuten vor der verabredeten Zeit da bist, der andere schon wartet und du dich dann entschuldigst.

Und in Syrien?
Da geht die Zeit nicht so genau.

Was können die Deutschen in der Weihnachtszeit von den Syrern lernen?
Hier machen sich die Menschen viel Druck, damit Weihnachten perfekt wird. Es ist alles durchgetaktet, so dass man keine Zeit fürs Warten hat. An Feiertagen sagt man: »Du kommschd am 24. 12. um 19 Uhr und bringschd Kartoffelsalad mid!« Die ehrliche, authentische Freude über einen spontanen Besuch fehlt. Weihnachten oder andere Feste wie das Zucker- bzw. Opferfest sollten Spaß machen. In Syrien haben wir Plätzchen ohne Stress gebacken.

Lässt du andere gerne warten, oder ist dir das unangenehm?

Ich lasse lieber mich warten als die anderen auf mich. Ich verbinde Warten mit Respekt. Deswegen mag ich nicht, wenn jemand zu spät kommt. Da fühl ich mich vergackeiert.

Andererseits bin ich mittlerweile so deutsch, dass ich vor einem Termin im Auto sitzen bleibe oder in einer Nebenstraße warte, um nicht überpünktlich zu wirken. Es ist schwierig ...

Du befindest dich in einer Warteschlange. Vor dir warten fünf freundliche Menschen an der Kasse. Was machst du, damit man dich vorlässt?

Ich sage zur Person vor mir: »Kennen wir uns?«

Sie wird sagen: »Nein.«

Ich weiter: »Darf ich mich vorstellen?«

Sie: »Ja.«

Und ich stelle ich mich in der Schlange einfach vor sie, haha.

Fällt dir ein Musiktitel zum Thema Warten ein?

Ja, klar! »Warte nicht, wenn der Regen fällt. Dam, Dam, Dam, Dam.«

Da bringst du etwas durcheinander. Es heißt »Weine nicht, wenn der Regen fällt.« In deiner Version müsste es statt Dam, Dam Tick Tack heißen.

Danke für den Hinweis. Übrigens: Wenn du zu zweit wo wartest, kannst du gut Zeit vertreiben, indem du Tic Tac Toe spielst.

Die Band oder das Spiel?
Ich kenne nur das Spiel.

Was erwartest du vom heutigen Tag?
Mehr Wonne durch ein Flanieren in der Allee in Baden-Baden, während die Sonne ihre warmen Strahlen auf mich werfen wird. Und ich erwarte Zufriedenheit, weil ich ein paar Seiten eines famosen Buches lesen werde.

Worauf sollte man noch warten?
Auf die Liebe. Du solltest sie nicht krampfhaft suchen.

Was war bisher dein schönstes Warteerlebnis?
Als ich barfuß am Strand der Nordsee gewartet habe, während meine Partnerin die Muscheln betrachtete, welche eine Wartepause machten, bis sie von der nächsten Welle abgeholt wurden.

Auf was wartest du gerne?
Auf mein Kind, meine Partnerin und meine Familie. Sie vermisse ich schon, während ich mich von ihnen verabschiede.

In derselben Woche, in der dein Kind auf die Welt kam, starb dein Vater.
Es war eine emotional geprägte Achterbahnfahrt. Das Warten auf die Geburt war formidabel. Der Tod war eine hinterhältige Überraschung, welche die Wonne über die Geburt unseres Kindes für eine kurze Zeit rücksichtslos entführt hat.

Wäre eine Welt ohne Warten eine bessere Welt oder eine schlechtere Welt?
Als Jurist sage ich: Es kommt darauf an! Also darauf, ob du auf Gutes oder Böses wartest.

Vervollständige den folgenden Satz:
Warten ist ... wie schlafen. Du musst beides tun, selbst wenn du keine Zeit hast.

Du bist mit jemandem in ein langes Telefongespräch verwickelt und hast keine Lust mehr. Mit welcher Ausrede beendest du das Gespräch?
Das Gespräch hat mich sehr erquickt, aber ich muss noch was erledigen.

Das Gespräch hat mich sehr erquickt, aber ich muss noch was erledigen ...
Ich auch ...

AUF WAS WARTEST DU?

In seinem Buch *Eine Landkarte der Zeit* erzählt der amerikanische Professor Robert Levine von Jean Traore, einem ostafrikanischen Austauschstudenten aus Burkina Faso. Der empfindet das westliche Konzept der »Zeitverschwendung« als verwirrend: »Dort wo ich herkomme, gibt es so etwas wie verschwendete Zeit überhaupt nicht ... Wie kann man Zeit verschwenden? Wenn man irgendetwas nicht tut, tut man dafür etwas anderes. Auch wenn man einfach nur mit einem Freund spricht oder herumsitzt, tut man eben das.«[11]

Eine wirkliche Verschwendung sei es laut Traore, wenn man den Menschen in seinem Leben nicht genügend Zeit widmet.

Zu welchem Menschen, der dir wichtig ist, hattest du schon lange keinen Kontakt mehr?

Nimm dir die Zeit und melde dich!

Auf was wartest du?

---

[11] Robert Levine, *Eine Landkarte der Zeit*, Piper Verlag, 1998, S. 133

Dich
WARTEN

18 Uhr 50, mitteleuropäische Zeit. Gleich werde ich einen Online-Vortrag für ein großes internationales Unternehmen halten. Ich bin gebucht, um knapp fünfhundert IT-Spezialisten aus der ganzen Welt eine inspirierende, lustige Stunde zu schenken. Das Publikum ist bereits online und wartet auf meinen Auftritt. In zehn Minuten schalte ich mich aus meinem Büro dazu. Während ich online gehe, schmiert plötzlich mein Rechner ab: Internet kaputt, Back-up kaputt, und auch ich stehe kurz vor dem Systemabsturz. Hektisch rufe ich den Auftraggeber auf dem Handy an und flunkere, dass ich ein »kleines Problem« habe.

»Wie lange brauchen Sie, um Ihr kleines Problem zu lösen?«

»Hm, schwer zu sagen, ich bin kein IT-ler.«

Dass ich ein Techniktrottel bin, erwähne ich lieber nicht. Stattdessen sage ich allen Ernstes: »Ich glaub, ich ruf kurz die Hotline der Telekom an.«

Schweigen am anderen Ende der Leitung. Ich spüre, wie mein Kunde die Stirn runzelt und auf die Uhr guckt. Noch sechs Minuten bis Vortragsbeginn.

»Keine Sorge, ich krieg das hin«, versuche ich ihn zu beruhigen und lege auf. Ich atme tief durch und greife zur Kaffeetasse neben mir. Ein Geburtstagsgeschenk. Auf ihr steht in Großbuchstaben eine Frage: »What would MacGyver do?« Würde Angus MacGyver in diesem Moment die Telekom anrufen? Ich trinke einen

Schluck und betanke mein Gehirn. Die Wartung macht mich wach. Ich werde das selbst in die Hand nehmen. Entschlossen ziehe ich mehrere Stecker. Ein falscher Handgriff und fünfhundert Menschen warten umsonst. Wie durch ein Wunder berühre ich die richtigen Knöpfe und Kabel. Neustart. Wiedergeburt. Halleluja.

Eilig und mit einigen Minuten Verspätung haste ich in das Online-Meeting und plappere ohne Anmoderation sofort los. Ich erzähle vom Technikdesaster und dem Stress, den ich gerade hinter mir habe. Alle IT-ler lachen. Also, ich höre nicht, dass alle lachen, ich spüre es. Ich spüre Liebe durch die Kamera – aus Schweden, Portugal, Sri Lanka, Indien und Australien. Ich treffe einen Nerv. Das, wovon ich spontan erzähle, ist ihr *daily business*. Es wird ein wunderbarer Auftritt. Der Kaffee hat mich gerettet.

WARTEKREUZWORTRÄTSEL[12]

1. Hitzige Auskunft

2. Telefonisches Bedienelement

3. Webseite mit langweiligen Videos

4. Hilft beim Warten

5. Hilft beim Abwarten

6. Wichtig beim Auftritt

7. Englisches Schuppenkriechtier

8. Meister des Verzögerns

9. Kommt nicht

10. Kann schnell kommen, aber auch langsam

---

[12] Dieses Kreuzworträtsel entstand mithilfe des XWords Kreuzwort-rätsel Generators. Auflösung auf Seite 294

11. Selten schön, aber manchmal nötig

12. Lässt sich nicht totschlagen

13. Kann man im Kloster lernen

14. Kann man nicht putzen

15. Reflexartiges, ansteckendes Verhalten

16. Wartetugend

SIESTA

Zeit für eine kleine Siesta. Entspanne dich, atme tief durch, und beginne einmal laut und deutlich zu gähnen.

Falls jemand in deiner Nähe ist, versuche diese Person mit dem Gähnen anzustecken.

Kreativ
WARTEN

»Und, wie findest du das Konzept?«

»Willst du 'ne ehrliche Antwort? Das funktioniert nicht. Ich erkenne keinen vernünftigen Grund, warum ich mir diese App herunterladen sollte.«

Das Feedback ist vernichtend. Seit vielen Wochen entwickeln wir eine künstlerische App zum Thema Warten. Es ist nicht mehr ewig bis zur Premiere. Höchste Zeit für ein klares Feedback von jemandem, der Ahnung hat. So klar tut es aber weh. Ich lege auf, sacke zurück in meinen Bürostuhl und atme tief durch. Meine Birne fühlt sich an wie Matsch. Sind wir die letzten Monate in eine komplett falsche Richtung gelaufen? Angst klopft an. Vielleicht kriegen wir es dieses Mal nicht hin? Es ist erst früher Nachmittag, aber ich kann jetzt nicht mehr. Ich ergebe mich, lass die Arbeit Arbeit sein. Ich koche etwas und gehe mit der Liebsten eine Runde um den See, den Kopf durchlüften. Wir reden über alles, nur nicht das Projekt. Abwarten, Tee trinken, Unsicherheit aushalten. Vertrauen, dass sich alles fügen wird. Abends lege ich mich früh ins Bett. Ich ahne, dass es eine unruhige Nacht wird. Wie bestellt wache ich um drei Uhr auf. Mein Gehirn rattert los und ruft: »Ich hab's!« – ein Wickie-Moment. Ich kritzle alles nieder. Das Gehirn diktiert mir seine Lösung. So müssen wir es machen. Alles fügt sich. Der gordische Knoten löst sich ohne Gewalt. Dieses nächtliche »Heureka« kommt nicht aus dem Nichts, es ist das Ergebnis von monatelanger, intensiver Beschäftigung mit dem Thema. Kreativität braucht Zeit, Erholung, Inkubationsphasen und Rückschläge. Das geduldige Warten auf Erkenntnis. Am nächsten Tag sitze ich in meinem Büro. Aus dem Regal greife ich mir das Buch *Kreativ sein und anders denken* von John Cleese, dem Mitbegründer der legendären Comedygruppe Monty Python. Ich schlage Seite 20 auf. Da steht es: »Während ich schlafe, arbeitet mein Kopf weiter an dem Problem, damit er mir morgens die Lösung präsentieren kann.«

Gut, bei mir war es dieses Mal drei Uhr morgens.

BLICK AUS DEM FENSTER
Warteberaterin Vera Deckers, Diplom-Psychologin, Comedienne

Mit ihren Soloprogrammen ist Vera Deckers aus Köln auf den renommiertesten deutschen Kabarett- und Comedy-Bühnen unterwegs. Vera ist in zahlreichen TV-Formaten zu sehen wie *Quatsch Comedy Club*, *Ladies Night* oder *Nightwash*. Als Rednerin leistet sie echte Überzeugungsarbeit für alltägliche Kommunikationskonflikte in Alltag und Berufsleben.

Der Mensch hasst Langeweile.

Wieso würden wir sonst im Schnitt 88-mal am Tag aufs Handy gucken, um uns abzulenken, sobald Leerlauf droht? Alle 18 Minuten, wenn wir von acht Stunden Schlaf ausgehen.

Satte 84 Prozent der Beschäftigten sind außerhalb der regulären Arbeitszeit für Kunden, Kollegen oder Vorgesetzte erreichbar. Die Hälfte davon ist pausenlos Stand-by.

Ich gebe zu, ich bin da nicht besser. Aber mittlerweile versuche ich, mich stärker abzugrenzen: Abends rufe ich meine E-Mails nicht mehr ab – also nach 22 Uhr.

Nützt leider nicht viel, weil manche Geschäftspartner mich auch per SMS, Whatsapp, Threema, Facebook, Instagram, Linkedin, Twitter oder Tiktok kontaktieren, und das rund um die Uhr.

Oh mein Gott, auf wie vielen Kanälen bin ich unterwegs?

Wenn ich zum Beispiel im Zug fahre und mich umgucke, ist da fast jeder von einem elektronischen Gerät absorbiert. Kaum einer schaut gemütlich aus dem Fenster.

Das Nicht-Abschalten-Können und der uferlose Nachrichtenstrom kann nicht nur zu Schlafstörungen führen, sondern macht uns im Schnitt ängstlicher als noch vor fünfzig Jahren. Nicht, weil die Welt gefährlicher geworden wäre. Es kommt uns nur so vor, weil wir uns nonstop von Breaking News bombardieren lassen. Als ich ein Kind war, schauten meine Eltern um 20 Uhr die Tagesschau. Das war's. Heute kann ich mir nicht mal bei RTL eine harmlose Seifenoper reinziehen, ohne dass unten im Bild eingeblendet wird, wo gerade wieder ein Gebäude einstürzt oder welches Promibaby sich an einem Lego verschluckt hat. Auch auf meinem Handy poppen ständig diese Wichtig-Wichtig-Nachrichten auf. Sich vom News-Strom abzugrenzen wird zum Kampf zwischen Mensch und Maschine. Ich habe versucht, diesen Infotsunami abzustellen, leider bin ich technisch nicht die Schlauste und bekomme jetzt alle News zusätzlich als kostenpflichtiges Abo. Hilfe, Abokalypse! Elf Millionen Sinneseindrücke prasseln in einer Sekunde auf uns ein, nur vierzig davon können wir kognitiv erfassen. Die *New York Times* enthält in einer einzigen Woche so viele Informationen, wie ein Mensch im

17. Jahrhundert in seinem ganzen Leben zu verarbeiten hatte.

Da würde ein bisschen aus dem Fenster schauen und in die Luft gucken doch nicht schaden? Ganz im Gegenteil, Langeweile und Nichtstun ermöglichen Kreativität.

Bereits 1904 stellte der Schriftsteller Hermann Hesse in seinem Essay »Die Kunst des Müßiggangs« fest, dass in allen kreativen Prozessen ein Großteil der Zeit aus schöpferischen Pausen besteht. Warten ist die hohe Kunst, sich für den Kuss der Muse bereitzuhalten. Unser Gehirn arbeitet im Ruhezustand unbewusst an Problemen weiter, ohne dass wir uns darüber im Klaren sind. Das sogenannte Ruhegedächtnis macht erfinderisch. Lassen wir ein Problem guten Gewissens warten, statt es auf Teufel komm raus lösen zu wollen!

Wenn Versuchsteilnehmer Legosteine farblich sortieren oder Telefonnummern aus einem Telefonbuch abschreiben, also monotone Tätigkeiten ausüben, erzielen sie bei anschließenden Kreativitätsübungen sehr gute Ergebnisse. Deutlich bessere als andere Probanden, die sich zuvor intensiv in eine Aufgabe hineindenken mussten.

Albert Einstein zum Beispiel war in seinem eigentlichen Beruf im Berner Patentamt geistig massiv unterfordert. Diese Zeit war jedoch die produktivste seines Lebens, damals veröffentlichte er die Relativitätstheorie.

Zugegeben, ich könnte theoretisch den Rest meiner Tage im Berner Patentamt verbringen und würde trotzdem nur auf relativ unbedeutende Physik-Ideen kommen.

Aber wie schön wäre es, wenn diese Erkenntnisse

im Berufsleben Einzug hielten. Vielleicht wird der Chef oder die Chefin bald sagen: »Herr Schmitz, Sie sehen gestresst aus, wollen Sie ein paar Legosteine nach Farben sortieren?

Schauen Sie hier, Frau Weber feilt gerade ihre Fingernägel und guckt in die Luft. Gut, Frau Weber, weiter so!

Herr Feiler, in zwei Stunden haben wir Deadline, und Sie haben die Nuss immer noch nicht geknackt? Legen Sie sich sofort eine Stunde aufs Sofa, und machen Sie ein Nickerchen!«

Vielleicht finden wir das Warten schöner und verlieren die Angst vor Langeweile, wenn wir uns klarmachen, dass unser Gehirn von den vielen Millionen Eindrücken, die sekündlich auf uns einprasseln, gerade eine kreative Pause braucht.

Und vielleicht finden wir in genau dem Moment ein Fenster, aus dem wir hinausschauen können. Aber bitte kein Zeitfenster.

WARTE MAL
Warteberater Stani, Kabarettist

Der 2018 verstorbene Kabarettist Michael Grei-
fenberg alias »Stani« hat für die allererste Präsentation der *Schöner Warten*-Hotline auf der
Pader-Kultour in Paderborn die folgende Miniatur
geschrieben. Mach's gut, Stani!

1: Warte mal.

2: Was?

1: Warte mal.

2: *(gähnt)* Worauf?

1: Hä?

2: Worauf soll ich warten?

1: Wieso worauf?

2: Na, du hast doch gesagt, ich soll mal warten.

1: Ja mal, aber doch nicht worauf.

2: Sondern runter?

1: Ne, nur mal.

2: Hm. Versteh ich nicht.

1: Du sollst ja auch nicht verstehen, du sollst warten.

2: Warum?

1: Wie warum?

2: Ja, warum soll ich warten?

1: Kannst du nicht einfach mal einfach mal warten?

2: Hm, auf was?

1: Auf nix.

2: Weißt du, was?

1: Ne.

2: Du kannst mich mal mit deinem Warten! *(geht weg)*

1: Warte mal.

EIN TELEFONAT MIT BERNHARD HOËCKER

Warteberater, Comedian, Schauspieler und Autor

Bernhard Hoëcker ist Comedian, Autor und Moderator. Er wurde durch die Parodiesendung *Switch* und als ständiges Mitglied des Rateteams von *Genial daneben* bekannt. Seit 2015 ist er fester Mitspieler in der ARD-Quizsendung *Wer weiß denn so was?*. Wenn er nicht im TV zu sehen ist, tourt er alleine oder im Duo mit Wigald Boning durch die Lande. Bernhard genoss seinen Einsatz als telefonischer Warteberater in der *Schöner Warten*-Hotline, weil er dabei entspannt mit fremden Leuten plaudern konnte.

Was erwartest du vom heutigen Tag?

Ich warte gerade auf meinen Auftritt in Bürstadt. Ich erwarte ein tolles Publikum und zuvor noch ein leckeres Abendessen. Ich habe gehört, es gibt Currywurst mit Pommes und andere sehr gesunde Dinge.

Bist du als Schauspieler mit Warten konfrontiert?

Ja, die ganze Zeit. Es gibt einen berühmten amerikanischen Schauspieler, dessen Namen ich vergessen habe.

175

Der sagte, er wird nicht fürs Drehen bezahlt, sondern fürs Warten.

Ist Warten für die kreative Arbeit wichtig?
Warten ist eine Gelegenheit, das kreative Universum zu betreten. Ein künstlerisches Werk braucht Zeit. Du hast eine erste Idee und musst warten, bis eine zweite Idee hinzukommt. Du probierst aus, verläufst dich und verzweifelst. Dann musst du warten, bis du wieder Kraft und Energie hast, daran weiterzufeilen. Es dauert und dauert und dauert. Aber je länger es dauert, desto schöner ist das Gefühl, wenn ein Werk das Licht der Welt erblickt, wie ein guter Wein, der lange reifen muss.

Du hast in der *Schöner Warten*-Hotline als telefonischer Warteberater gearbeitet und den Anrufern beim Warten geholfen. Wie war das?
Das Spannende war, mit Menschen zu telefonieren, die ich vorher nicht kannte, ein telefonisches Blind Date. Es war wie bei der Improvisation, wenn du nicht weißt, welches Stück du spielst oder welches Lied du singst. Ich habe Leute kennengelernt, mit denen ich sonst nie in Kontakt geraten wäre. Etwas, was mir auf der Straße gerne passiert, wenn ich unterwegs bin und anfange, mich mit fremden Leuten zu unterhalten.

Wäre eine Welt ohne Warten eine bessere oder eine schlechtere Welt?
Natürlich wäre es eine schlechtere Welt. Ohne Warten gäbe es keine Parkbänke. Und was, bitte schön, wäre das Leben ohne Parkbänke?

Dein schönstes Warteerlebnis?

Ja, das fällt mir sofort ein, ist ewig her. Ich habe Interrail gemacht, und wir warteten in Griechenland auf eine Fähre. Ich sehe heute noch vor mir, wie ich direkt am Wasser sitze, am Kai, und über das Meer schaue. Wir warten auf diese griechische Fähre, die sich unendlich viel Zeit nimmt und nicht kommt. Wir haben noch kein Internet, wo wir kurz reingucken können, um uns über die Verspätung zu informieren. Wir sitzen da und warten und schauen und sitzen und warten. Bestimmt eine Stunde. Das war herrlich.

Was erwartest du vom Rest deines Lebens?

Ich hoffe ganz ehrlich, dass es einfach weitergeht wie bisher. Dass ich im richtigen Moment die richtigen Entscheidungen treffe, Dinge zu tun oder sie zu lassen. Und vor allen Dingen, dass ich viel Zeit zum Warten und Nachdenken habe. Das Warten ist eine Zeit, in der ich zur Ruhe komme.

Ein Tipp, wie ich positiv mit Wartezeit umgehen kann?
Es hilft, wenn du dich nicht vom Warten überraschen lässt, sondern dir im Vorfeld überlegst: Ah, das könnte heute dauern. Was mache ich dann?

Zum Beispiel eine Zeitung lesen, ein Musikstück hören oder etwas auswendig lernen. Ich übe manchmal Text oder gehe Eselsbrücken durch. Und wenn es lange dauert, geh ich kurz in ein Museum, schau mir ein schönes Haus an, was halt so vor Ort ist. Das Wichtigste ist, dass du aufhörst, dich über das Warten zu ärgern. Wartezeit ist keine gestohlene Zeit, sondern geschenkte Zeit.

DAS GEHIRN IM WARTESTAND
Warteberater Boris Nikolai Konrad,
Gedächtnisweltrekordhalter, *SPIEGEL*-
Bestseller-Autor

Dr. Boris Nikolai Konrad ist Gehirnforscher, Keynote Speaker und Autor des Bestsellers *Mehr Platz im Gehirn*. Wenn er nicht forscht oder als Redner Vorträge hält, ist Boris im TV zu sehen, zum Beispiel in Formaten wie *Deutschlands Superhirn, Klein gegen Groß* oder *Wetten, dass ...?*.

Schön, dass du mir kurz Zeit schenkst. Ich bin dein Gehirn. Ich bestehe aus verschiedenen Regionen, die in unterschiedlichen Netzwerken miteinander arbeiten.

Ich liebe es, wenn du wartest. Dann kann ich mich endlich entspannt in meinen Standardmodus versetzen. Dieser *Default Mode* ist meine Grundeinstellung, im Deutschen Ruhezustandsnetzwerk genannt. Aber Wartemodus passt als Bezeichnung auch.

Immer, wenn du dich gerade nicht auf eine komplizierte Aufgabe konzentrierst, aktiviere ich diesen Modus. Zum Beispiel beim Warten. Jedenfalls, wenn du beim Warten nichts tust. Wenn du aber die schwersten Sudokus löst, mit dem Handy auf Twitter die Weltpolitik rettest oder hochwissenschaftliche Studien durchführst, nimmst du mir diese Chance. Der renommierte Bochumer Hirnforscher Prof. Dr. Onur Güntürkün verbrachte seine Wartezeit an Flughäfen, Bahnhöfen und anderen Orten damit, akkurate Strichlisten zu führen, ob Paare beim Küssen ihre Köpfe nach links oder rechts neigen. Das Ergebnis (in zwei Drittel der Fälle nach rechts!) publizierte er in einem hochrangigen Fachjournal und gewann mehrere Wissenschaftspreise.

Mir wäre es lieber, du würdest beim Warten auf solch komplexe Paar-Forschungen verzichten. Liebend gerne nutze ich Wartezeiten für mich allein. Ich lege mich nicht auf die faule Haut. Mein Energieverbrauch ist ähnlich hoch wie in einem aufgabenbezogenen Modus.

Im Wartemodus sind folgende meiner Regionen aktiv:

1. Der präfrontale Kortex, der Teil von mir, der direkt unter der Stirn liegt. Dieser ist beim Menschen besonders ausgeprägt und wichtig für die Rekonstruktion von Erinnerungen, Zukunftsplanung und Wissen über dich selbst.

2. Ebenso Teile des limbischen Systems, die für die Gedächtnisbildung, das autobiografische und das räumliche Gedächtnis bedeutend sind.

Wenn du mich nicht mit anderen Aufgaben störst, beschäftige ich mich mit mir und »warte« dein Gedächtnis.

Dieses Pflegen und Aufräumen kann sich in Tagträumen äußern. Auch wenn du beim Schlafen träumst und nach innen gerichtet Erfahrungen aktiv verarbeitest, agiere ich ähnlich wie beim Warten.

Wenige Minuten Nichtstun im Wartemodus können

mir und dir helfen, Stress zu reduzieren, das Gedächtnis aufzuräumen, zu entspannen und leistungsfähiger in den Arbeitsmodus zu wechseln.

Ich habe bewusst versucht, dir diese Zusammenhänge möglichst einfach zu erklären. Auch das Lesen von einfachen Texten aktiviert das Default Mode Network …

Damit sind wir beide gut erholt und gerüstet für eine kleine Gedächtnisübung.

Sind Areale für persönliches und räumliches Gedächtnis sowie Tagträumen gemeinsam aktiv, kannst du Informationen, die du dir schwer merkst, wie Fremdwörter, Namen oder Sitzplatznummern im ICE, mit persönlichen Erinnerungen verbinden. Es entstehen Bilder, die einen Ort bei mir im Gehirn bekommen.

Stelle dir folgende Szene vor deinem inneren Auge so detailliert wie möglich vor:

Neben dir sitzt ein Torero und übt die Sprache Esperanto.

Oh Schreck: Auf der anderen Seite verübt jemand ein Attentat. Er dreht ein Baguette wie einen Säbel und greift jemanden an, der gerade Sushi isst.

Den interessiert das aber nicht: Ganz ruhig zieht er seine Mütze ins Gesicht und ignoriert die Gefahr.

Hat das geklappt? Wunderbar!

Du hast gerade gelernt, dass Warten auf Spanisch (*Torero*) **esperando** (*Esperanto*) heißt, auf Französisch (*Baguette*) **attendre** (*Attentat, drehen*) und auf Japanisch (*Sushi*) 待つ – was etwa wie »**ma tze**« (*Mütze*) ausgesprochen wird.

Wie du siehst:

Warten hilft, dein Gehirn zu »warten« und deine Leistungsfähigkeit zu erhöhen.

Still
WARTEN

1000 Hours of Staring

... heißt ein Kunstwerk des amerikanischen
Konzeptkünstlers Tom Friedman. Es besteht
aus einem leeren Blatt Papier, auf das
Friedman 1.000 Stunden lang gestarrt hat.

WARTEN IST DER WEG ZUR KLARHEIT
Warteberater René Borbonus, Vortragsredner, Trainer, *SPIEGEL*-Bestseller-Autor

René Borbonus ist Speaker, Trainer, Buchautor und Spezialist für berufliche Kommunikation, Präsentation und Rhetorik. Sein jüngstes Buch *Ich zähle jetzt bis drei!* avancierte zum *SPIEGEL*-Sachbuch-Bestseller. Das Publikum von Rénes Vorträgen und die Teilnehmer seiner Trainings lieben die meisterhafte Verbindung von Fachwissen und Praxisnähe, Sachlichkeit und Engagement, Sprachwitz und Ausstrahlung.

Warten ist der Weg zur Stille. Stille ist ein Ort, und ich bin gern da. Kein geografischer Ort, sondern ein mentaler. Stille ist ein Geisteszustand, eine Haltung – ähnlich, wie Ernest Hemingway es über Paris gesagt hat: Stille ist ein »bewegliches Fest«.

Das ist wohl der Grund, dass manchmal zu viel Zeit vergeht, bevor ich sie wiederfinde. Wenn ich zu lange fern der Stille leben muss, bekomme ich Sehnsucht nach ihr. Das sei ein merkwürdiges Bekenntnis für einen Kommunikationstrainer, sagen die einen. »Kein Wunder«, sagen die anderen, die mich besser kennen. Im Grunde bin ich eher introvertiert, und Introvertierte brauchen die Stille. Ich kann sehr gut damit leben, wenn es eine Weile dauert, bevor ich wieder Worte finde. Ich habe festgestellt: Mit dem Warten kommen bessere Worte.

Das Schweigen, es unterbricht die Kommunikation nicht, auch wenn all die Lautsprecher um uns herum den Anschein erwecken. Das Schweigen, es bereichert die Kommunikation.

Vor einiger Zeit verbrachte ich vier Tage allein im Spreewald. Das hat manchen gereicht, um zu fragen, ob mit mir alles in Ordnung sei: »Wer will freiwillig mit sich und mit all dieser Stille allein sein?« Ich will das. Ich höre mich gern selbst denken. Ja, mir ist klar, wie das klingt, aber so meine ich das nicht. Ich komme einfach nicht oft dazu, mit mir und meinen Gedanken allein zu sein.

Aus diesem Grund habe ich bei meiner Reise in den Spreewald mein Smartphone zu Hause gelassen. Nicht vergessen, nein: zu Hause gelassen. Die Effekte waren verblüffend. Ich schlief deutlich besser als normalerweise. Ich war um einiges konzentrierter. Ich hatte viel mehr Zeit, um zu lesen. Innerhalb weniger Tage kam ich auf mehr brauchbare Ideen als in den Monaten zuvor zusammengenommen.

Ein weiterer Effekt meiner viertägigen Nicht-Erreichbarkeit war, dass einige schon damit anfingen, an meinem Nachruf zu arbeiten. Wer vier Tage lang nicht reagiert, der kann nur tot sein. In gewisser Weise war es sehr erhellend herauszufinden, wer auch am vierten Tag noch vierzigmal anruft, weil er es nicht wahrhaben will, wer wann aufgibt und warum. Interessant zu wissen, wer warten kann.

Stille verschafft uns Klarheit. Über uns und über andere. Stille ist gut für die Kommunikation. Stille hat uns einiges zu sagen. Sie kommt nur nicht dazu, weil wir die Klappe nicht mehr halten.

Und warum nicht? Weil wir nicht mehr warten, abwarten, aushalten können. Wir ertragen die Vorstellung nicht, irgendetwas zu verpassen. Empfang aus, FOMO an: Pawlow hätte seine Freude an uns gehabt. Stille hat in unserer Welt keinen guten Ruf mehr. Sie widerspricht unserem voll vernetzten Lebensentwurf der permanenten Sendungs- und Empfangsbereitschaft. Sobald wir auf uns selbst zurückgeworfen sind, gehen wir sofort ins Außen statt ins Innen, nämlich online. Die Internetsucht – die Unfähigkeit, offline zu sein – funktioniert im Gehirn genauso wie eine Drogensucht. »Der Computer wirkt wie elektronisches Kokain«, sagt der US-Neurobiologe Peter Whybrow.

Ich habe durch das Smartphone eines meiner Lieblingshobbys verloren: auf Züge warten. Und mehr noch: in Zügen warten, aufs Ankommen. Geht nicht mehr. Kaum wird die Verspätung bekanntgegeben, und seien es fünf Minuten: Smartphone raus, Nachrichten checken, News checken, inzwischen sogar: Herzrhythmus checken. Könnte ja sein, dass man zwischendurch einen koronaren Vorfall erlitten und es nur noch nicht gemerkt hat. Nicht einmal aufs Sterben können die Leute noch warten. So weit haben wir uns vom Innen entfernt: Wir schauen auf die Smartwatch, wenn wir wissen wollen, wie es uns geht.

Was haben wir früher gemacht, während der Zug auf sich warten ließ? Nachgedacht. An den klareren Tagen sogar über Gott und die Welt. Beide wären vermutlich weitaus gnädiger mit uns, wenn wir das noch hin und wieder tun würden. Und wenn wir nicht nachgedacht haben, was haben wir gemacht, am Gleis oder im Zug? Reden. Wir haben Menschen kennengelernt. Wir haben Gespräche geführt. Ich nicht, weil ich ja introvertiert bin – ich habe als Wartemodus meistens die Stille gewählt. Aber andere, andere haben geredet. Das weiß ich, weil ich mich davon gestört gefühlt habe.

Die Redenden und die Stillen, beide haben wir vom Warten profitiert. Wartend haben wir unseren Geist vergrößert. Wir haben Klarheit gewonnen, über uns und über andere.

Seit Warten kein natürlicher Zustand mehr ist, der in der freien Wildbahn einfach so passiert, führe ich es künstlich herbei. Das ist manchen Menschen schwer zu vermitteln, aber es ist notwendig. Ich persönlich brauche den Abstand zwischen Ankündigung und Ausführung, um an mir zu arbeiten – und an meinen Inhalten. Wenn ich zum Beispiel für einen Vortrag viel Vorbereitungszeit habe, schenkt mir das die Gelegenheit, das Thema erst einmal sacken zu lassen. Nicht selten ergibt sich im Laufe der Zeit eine völlig neue Perspektive, weil sich durch die veränderte Informationslage oder Entwicklungen im Weltgeschehen neue Klarheiten ergeben. Am Ende halte ich durch das Warten einen anderen Vortrag; in der Regel: einen besseren Vortrag.

In Gespräch erleben wir denselben Effekt – wenn wir erst einmal warten, bevor wir antworten. Besonders in schwierigen Gesprächen über aufgeladene Themen kann das einen entscheidenden Unterschied machen. Affektkommunikation, das Reagieren aus der momentanen Emotion heraus, ist in den seltensten Fällen respektvoll. Vielmehr drehen wir die Affektspirale mit jeder aufgebrachten Erwiderung immer noch um eine Umdrehung weiter. Eine wütende Erwiderung führt zur nächsten, und die Klärung rückt in immer weitere Ferne.

Das ist anders, wenn wir zunächst schweigen, die Antwort suspendieren und uns erst äußern, wenn wir wieder klarsehen: »Gib mir Zeit, um darüber nachzudenken, ich komme auf dich zu.« Viele, wenn nicht sogar die meisten Antworten, können warten. Wir sind die, die das nicht mehr können.

Wenn wir dagegen Gelegenheit haben, das Gesagte sacken zu lassen, hilft das im Allgemeinen der Verständigung, weil wir kontrollierter reagieren. Der Effekt im Gehirn ist derselbe wie bei einer Schneekugel: Frisch durchgeschüttelt fliegen die Flocken wild im Glas herum, dass wir nur noch Schneegestöber sehen. Stellen wir die Kugel ab und warten einen Moment, können wir zusehen, wie der Sturm sich beruhigt und sich Klarheit einstellt. In der Kommunikation ist es meistens genauso. Das Warten, das Noch-nicht-Sagen, reguliert die Kommunikation. Reaktion minus Affekt gleich Klarheit.

Aus demselben Grund kann ich nichts mit der These in Small-Talk-Ratgebern anfangen, dass man ein Gespräch krampfhaft am Laufen halten müsse, damit es nicht unangenehm wird. Unangenehm ist Stille nur für den Gedankenlosen. Wer sich wirklich für sein Gegenüber interessiert, kann warten, kann das Warten sogar genießen.

»Der Weg ist das Ziel« – dieser Konfuzius zugeschriebene Sinnspruch bringt den Wert des Wartens in der Kommunikation auf den Punkt. Warten ist der Weg zur Klarheit.

EIN TELEFONAT MIT FRANK BERZBACH
Warteberater, Autor, Dozent

Dr. Frank Berzbach unterrichtet Literaturpädagogik und Philosophie an der Technischen Hochschule Köln. Nach einer Ausbildung zum Technischen Zeichner studierte er Erziehungswissenschaft, Psychologie und Literaturwissenschaft. Er schreibt wunderbare Bücher wie *Die Kunst, ein kreatives Leben zu führen* oder *Die Form der Schönheit*. Frank hat eine Vorliebe für analoge Schreibgeräte, Schallplatten und Bücher, Tätowierungen und Klöster. Er lebt in Köln und auf St. Pauli.

Bist du ein geduldiger oder ungeduldiger Mensch?
Beides, kommt darauf an. Meist ziemlich geduldig.

Wann hast du das letzte Mal gewartet?
Ich fahre viel Bahn, bin immer zu früh am Bahnhof und warte ständig. Mich stört es nicht.

Was war dein schlimmstes Warteerlebnis?

Bisher gab es nichts, was ich als unerträglich empfunden hätte.

Was erwartest du vom heutigen Tag?

Heute Abend guter Wein.

Als ich dich per E-Mail für das Projekt angefragt habe, hast du mir nach acht Minuten und 23 Sekunden geantwortet. Lässt du andere ungern warten?

Es geht nicht immer so schnell. Andere sollten auf mich nicht warten müssen, aber das ist eine Frage der Absprache. Pünktlichkeit schätze ich.

Du befindest dich in einer Warteschlange. Vor dir warten fünf freundliche Menschen an der Kasse: Was machst du, damit man dich vorlässt?

Vordrängeln ist mir so grundfremd, dass ich dazu nichts sagen kann.

Kannst du dich an ein Ereignis aus deinem Leben erinnern, bei dem Abwarten strategisch besser gewesen wäre als vorschnelles Handeln?

Erst wenn man aufhört zu drängeln, kommen die Dinge auf einen zu. Ich bin nie aktionistisch, ich stoße etwas an und warte – wenn nichts passiert, ist das auch eine Antwort. Das bedeutet: Alles ist eine Antwort.

Ein Musiktitel zum Thema Warten?

Ich bin Beatles-Fan: »Crying, Waiting, Hoping«. Feiner Song!

Wäre eine Welt ohne Warten eine bessere oder eine schlechtere Welt?

Sie wäre nicht zu ertragen. Alles sofort und dann das Nächste?

Spontan würden viele Warten als unangenehm und hässlich bezeichnen. Kann Warten schön sein?

Wer weiß, was das Leben bringt? Vielleicht lernt man am Flughafen, weil man wartet, die Frau seines Lebens kennen.

Gibt es Liebe ohne Warten, und ist Warten »attraktiv«?

Die Leidenschaft erzeugt eine Ungeduld. Aber die Erfüllung ist meist schöner als das Warten. Von Goethe gibt es ein wundervolles Gedicht über einen Liebenden, der die ganze Nacht vergeblich auf die Liebste wartet. Er hasst am Morgen die Sonne, die beweist, sie wird nicht mehr kommen.

In deinem Buch *Die Form der Schönheit* beschäftigst du dich in einem Abschnitt mit Miles Davis und dem Cool-Jazz. Kann Warten cool sein?

Wer, ohne zu klagen, warten kann, der ist cool.

Können uns die heiligen Orte des Glaubens helfen, die Kunst des Wartens wiederzuentdecken?

In Heiligen Orten wartet man nicht, man verweilt oder setzt sich einer intensiven Atmosphäre aus. Ich empfehle die Bruder-Klaus-Kapelle in der Eifel.

Müssen wir schweigen lernen?
Ich glaube, davon geht eine gewisse Kraft aus. Aber ich würde nie behaupten, andere »müssen« es lernen. Manche wollen es, und das beschäftigt viele Religionen und tiefgründige Leute.

Manifestiert sich in der Teezeremonie die Kunst des Wartens?
Gar nicht. Es manifestiert sich nur eine enorme Aufmerksamkeit und zugleich Natürlichkeit von eingeübten Bewegungen und Abläufen.

Ist Kreativität eine stille Angelegenheit, und kann man ohne die Kunst des Wartens kreativ sein?
Langeweile ist für den Kopf gut, der kommt dann auf Ideen. Kreativität braucht Inkubationsphasen, also erst kurz loslassen und schauen, was die intuitive Bearbeitung so treibt. Unter Zeitdruck und Stress ist niemand kreativ, man betreibt nur Troubleshooting.

Haben sich deine Erwartungen ans Leben erfüllt?
Da ich keine großen habe, ja. Ich bin gesund, komme mit dem Geld halbwegs aus, habe meine Leidenschaften zum Beruf gemacht. Das Paradies also.

Was erwartest du vom Rest deines Lebens?
Erwartungen sind nichts, womit ich mich beschäftige. Diese alberne Assessmentcenter-Frage, wo ich mich übermorgen sehe, beschäftigt mich nicht.

Gibt es etwas, was du gerne zum Thema Warten loswerden willst?

Ein Wunsch: Diese Aufgebrachtheit der Menschen sagt etwas über Ungeduld, nicht über das Warten – es wäre wunderbar, wenn man über Ungeduld länger nachdenken könnte.

Stell dir vor, es gäbe die ultimative Warteliste, in die du dich eintragen kannst. Auf was würdest du gerne lange und absichtsvoll warten?

Wir sind alle froh, wenn wir lange auf den Tod warten können. Es sei denn, es wird ziemlich arg im Leben.

Welche Abwesenheitsnotiz würdest du kurz vor deinem Tod einrichten?

Jetzt müssen Sie selbst nachlesen, was ich gedacht habe.

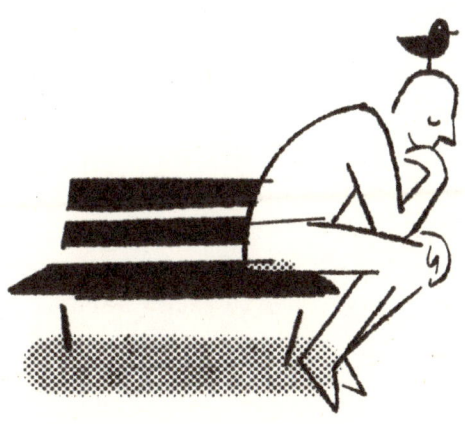

DIE KUNST DES ZUHÖRENS
Warteberater Dr. Michael Gerharz, Experte für
klare Kommunikation

Dr. Michael Gerharz ist Coach und Keynote Speaker für klare Kommunikation. In seinem Buch *Der AHA-Effekt* zeigt er, wie man mit unwiderstehlicher Klarheit kommuniziert. Michaels Blog *Überzeugend Präsentieren* gehört zu den renommiertesten Kommunikations-Blogs in Deutschland und wird in Publikationen wie der *Süddeutschen Zeitung* oder *SPIEGEL Online* zitiert.

Viele Menschen machen sich während eines Gesprächs vor allem darüber Gedanken, was sie als Nächstes sagen möchten. Statt aufmerksam zuzuhören, was die anderen erzählen.

Eigentlich warten sie nur auf die nächste Gelegenheit, selbst etwas von sich zu geben. »Gespräch« kommt ja von »sprechen«.

Und das tun sie auch. Sprechen. Meist über sich. Zum Beispiel, um uns ihre Erlebnisse mitzuteilen. Oder mit ihrem Wissen zu glänzen. Ihre Meinung zu äußern. Statt zuzuhören. Und abzuwarten, was die *anderen* zu sagen haben.

In solchen Gesprächen geht es zu wie in einer schlechten Band, die aus Solisten besteht. Solisten, die nicht miteinander spielen, sondern nebeneinander, weil jeder mit seinem eigenen Solo beschäftigt ist, statt sich gegenseitig zu verstärken, damit ein gemeinsames Meisterwerk entsteht.

So werden Gespräche zu einem Nebeneinander von Erzählfetzen. Im besten Fall hält ein Thema sie lose zusammen, kann aber von einer Sekunde auf die andere wechseln, weil jemand sich an eine neue Situation erinnert fühlt und in das nächste Solo abtaucht, das nichts mit dem vorherigen zu tun hat.

Jeder wartet auf seinen Einsatz. Und wir warten vergeblich darauf, dass das Gespräch irgendwo hinführt.

Das kann es nur, wenn wir bereit sind, unsere eigene Richtung zu ändern. Wenn wir nicht bloß darauf warten, selbst ans Steuer zu kommen, sondern Rücksicht darauf nehmen, wohin die anderen reisen wollen.

Im besten Fall kommen wir viel weiter, als es jeder von uns allein könnte. Weil wir gemeinsam ein Thema erkunden, es vertiefen, ergänzen, hinterfragen und durchdringen.

Dialog heißt reden *und* reden lassen. Senden *und* empfangen. Vor allem: sprechen *und* zuhören. Ohne Zuhören geht es nicht.

Zuhören ist mehr als Warten auf den eigenen Einsatz. Zuhören bedeutet, Anteil zu nehmen, mitzufiebern, mitzufühlen. Aber auch: Fragen zu stellen. Es genauer wissen zu wollen. Tiefer zu bohren.

Wer nur damit beschäftigt ist, was man als Nächstes sagen will, kann all das nicht. Ich kann nicht gleichzeitig an meinem eigenen Solo schrauben und offen sein für das, was die anderen spielen. Nicht umsonst meint Ausnahme-Gitarrist Pat Metheny, dass großartige Musiker vor allem großartige Zuhörer sind: »The best musicians are not the best players, they're the best listeners.«

Gute Gespräche führen *irgendwohin*, sie gelingen durch die Bereitschaft zum echten Zuhören. Manchmal kann es bedeuten, gar nichts zu sagen. Den anderen den Raum zu geben, den sie brauchen.

Wer die Geduld hat, richtig zuzuhören, signalisiert damit anderen, dass man bereit ist, sich auf sie einzulassen. Und das ermöglicht den Gesprächspartnern, sich zu öffnen und die richtigen Worte zu finden. Erst durch dieses Vertrauen, dass jemand geduldig und bedingungslos zuhört, ist es möglich, Dinge auszusprechen, die wir uns sonst zu sagen scheuen, weil wir uns fragen: Wollen die das hören? Interessiert das jemanden? Was denken die darüber?

Gute Zuhörer haben die Bereitschaft, sich auf neue Gedanken einzulassen. Sie hören nicht nur die Stichworte, die Sprungbrett für die nächste eigene Geschichte sind. Sie suchen nicht nur Bestätigung für das, was sie selbst sagen, sondern nehmen die Zweifel und Fragezeichen wahr. Und sie bewerten nicht sofort alles.

Dialog erfordert die Offenheit, anders aus einem Gespräch herauszugehen, als man hineingeht. Wer damit beschäftigt ist, schnell Antworten zu geben, übersieht, dass das Warten auf eine überlegte Frage ein Gespräch oft weiter bringt als die schnelle Antwort. Schlagfertigkeit ist in diesem Sinne überbewertet. Sie zielt mehr auf den eigenen Ruhm als auf die gemeinsame Erkenntnis.

In gelungenen Gesprächen haben wir die Chance

zu lernen. Wir können wachsen, motiviert werden, zu neuen Ufern aufbrechen. Und aufrichtig am Leben und den Gedanken der anderen teilhaben. Dabei sollten wir einander verstärken, statt uns zu übertönen, gemeinsam beschleunigen, statt uns gegenseitig zu überholen.

Dazu braucht es Pausen und die Fähigkeit zu warten. Pausen schaffen den Resonanzraum, in dem meine Gesprächspartner nachdenken, assoziieren und vergleichen. Wir müssen Stille aushalten, damit nicht jeder Gedanke unseres Gegenübers im eigenen Redefluss erstickt.

Wenn wir den Raum ohne Punkt und Komma mit Information füllen, unterscheiden wir das Wichtige schwer vom Unwichtigen. Es fehlt der Platz zum Atmen und zur Reflektion.

Die Kunst des guten Gesprächs ist eine Kunst des geduldigen Abwartens. Nur dabei können wir diesen Raum geben und aufmerksam zuhören.

▷ Übung

REIS ZÄHLEN

»Wenn du nicht in der Lage bist, für drei Stunden Reis zu zählen, bist du nicht in der Lage, irgendetwas Gutes im Leben zu tun.« (Marina Abramović)

Lass dich von der Performance-Künstlerin Marina Abramović inspirieren. Für ihre Workshopreihe *Die Abramović-Methode* entwickelte sie zahlreiche Konzentrationsübungen, die helfen, im Hier und Jetzt zu sein:

Setze dich an einen Tisch. Vermische eine Packung ungekochten Reis mit einer Packung Linsen. Entscheide, wie groß der Haufen sein soll, den du zählen willst, und bilde mit deinen Händen diesen einen Haufen. Entscheide, ob du zuerst die Linsen oder den Reis zählen willst. Beginne zu zählen. Breche die Übung nicht ab, wenn sie langweilig wird, sondern führe sie bis zum letzten Korn aus. Achte auf deine Atmung.

Sportlich
WARTEN

Bumm. Bumm. Mein Herz schlägt lauter als sonst. Ich stehe in meinen weißen Adidas-Klamotten in den Katakomben der Ostseehalle Kiel und warte. Neben mir mein Kumpel Klemens. Wir wärmen uns auf. Noch fünfzehn Minuten, bis wir rausmüssen. *Bumm. Bumm.* Der Puls steigt. Ich atme tief durch, es grummelt im Magen. Bitte nicht schon wieder aufs Klo! Auf meiner Stirn steht in großen, fetten Druckbuchstaben: »WARUM TUE ICH MIR DAS AN?« Ich habe Fluchtfantasien, drehe mich kurz um, suche den Notausgang. Da stehen zwei bullige Securities und versperren den Weg. Flucht nach vorne. Zum vierten Mal checke ich die Tennistasche: Mehrere gelbe Bälle, die sechs Holzschläger und zur Sicherheit der Pokal – alles noch drin.

Die Producerin kommt beschwingt um die Ecke: »Noch zehn Minuten, Jungs. Na, seid ihr nervös?« *Bumm. Bumm.* Mein Grinsen gefriert. Es ist nicht so, dass wir mit Anfang zwanzig noch keine Auftrittserfahrung hätten, aber zum ersten Mal vor Tausenden Zuschauern, und das live im TV – nicht unbedingt *business as usual.* Immerhin sind wir zu zweit. Wenn wir gemeinsam scheitern, ist es halb so schlimm. Ich öffne die Seitentür einen Spalt, werfe einen Blick in die Riesenhalle. Bum-Bum-Boris ist schon draußen und spielt sich ein paar Bälle mit Goran Ivanišević zu. 1. Januar 1993, DSF-Tennisgala in Kiel – heute geht das deutsche Sportfernsehen mit einem Tennisschaukampf auf Sendung. Stargast ist der mehrfache Wimbledonsieger Boris Becker, und wir sind der Showact. 10.000 Zuschauer, die Ränge bummvoll. Noch eine Minute. Die Producerin gibt uns letzte Instruktionen: »Herrn Becker auf keinen Fall berühren, ist das klar?!« Ich bin im Tunnel, steige auf mein kleines Einrad.

»5, 4, 3, 2, 1, go!« Mit einem Holzschläger in der rechten Hand und der Tennistasche über der Schulter radle ich ins Licht. Ivanišević macht mir den Weg frei. Ich düse in Richtung Netz und spiele Boris, der nichts von der Showeinlage weiß, einen Ball zu. Er spielt mit und gewinnt den Ballwechsel. Ich springe ab, greife in die Tasche, hole meinen winzigen Plastikpokal heraus, den ich vor vielen Jahren als Bambini bei den Kreismeisterschaften Berchtesgadener Land gewonnen habe, und überreiche ihn dem Star. Wie bei seinem letzten Wimbledonsieg geht Becker in die Knie, reckt den Minipokal mit beiden Händen in die Höhe. Das Publikum lacht, es läuft. Jetzt der Höhepunkt. Klemens und ich zücken die sechs alten, schweren Holzschläger. Wir werden sie uns zujonglieren, während Boris Becker in der Mitte steht. Er platziert sich zwischen uns, guckt uns an und sagt: »Vorsicht, ich bin teuer!« Ein Glück, dass er uns nicht beim Training gesehen hat, sonst würde er nicht stehen bleiben. *Bumm. Bumm.* Ich bin kurz vorm Herzinfarkt. Wir legen los, es klappt. Beim letzten Wurf rasiere ich ihm fast den Hinterkopf, das Publikum jubelt. Ich springe in Richtung Boris, will ihn spontan umarmen, zucke gerade noch rechtzeitig zurück. Unter tosendem Applaus verlassen Klemens und ich die Halle und fallen uns im Backstage-Bereich in die Arme.

Das Warten auf den Auftritt ist wie ein kleiner Tod. Es gibt kein Zurück. Ohne die nervenaufreibenden dreißig Minuten davor wäre es halb so schön gewesen.

ATTENDERE AUDE! – 24 DINGE, DIE WIR VON GEDULDIG WARTENDEN LERNEN KÖNNEN
Warteberater Dirk von Gehlen, Journalist, Autor

Dirk von Gehlen arbeitet als Director Think Tank beim *SZ*-Institut der *Süddeutschen Zeitung* in München. Er ist Autor zahlreicher Sachbücher, u.a. *Anleitung zum Unkreativsein* und der Laufbücher *Minutenmarathon* und *Marathon-Fitness*. Dirk hält Vorträge zum Thema Transformation und Digitalisierung. Einmal im Monat verschickt er seinen Newsletter »Digitale Notizen«, auf den ich immer wieder gerne warte.

»Besser warten« zu wollen ist ein ungewöhnlicher Wunsch. Die meisten Menschen wollen nicht besser warten, sondern besser nicht warten. Auf diese Weise auf die Welt zu schauen kann mindestens hilfreiche Perspektiven eröffnen.

»Besser warten« ist mehr als der Zauber des Gegenteils. Warten ist eine Form des Ausdauersports. Es ist ein Trainingsprogramm für den eigenen Geduldsmuskel. Um es zu erlernen, kann man sich von Sportlerinnen und Sportlern inspirieren lassen.

Ein Versuch über's Geduldstraining in 24 Schritten

1. Niemand will warten. Wer besser warten will, nimmt bereits hier eine andere Perspektive ein. Der wichtigste Trick gut Wartender ist also: Warten neu denken!

2. Aus gegenteiliger Perspektive auf die Welt zu schauen kann nicht nur glücklicher machen (siehe Paul Watzlawicks *Anleitung zum Unglücklichsein*), es ist der beste Weg, um auf neue Ideen zu kommen. Um das zu beschreiben, habe ich Watzlawick kopiert und eine *Anleitung zum Unkreativsein* geschrieben.

3. Niemand will unkreativ sein, deshalb hilft es, diese Perspektive bewusst einzunehmen. Es würde aber auch niemand von sich behaupten: »Ich habe zu viel Zeit.« Wie der Imperativ zur Kreativität ist auch die Behauptung allgegenwärtig, im Stress zu sein und keine Zeit zu haben.

4. Wer besser warten kann, nimmt jede Warte-Minute als Geschenk: »Endlich habe ich mal Zeit!«

5. Besser wartende Menschen wissen: Zeit ist keine absolute Größe. Sie dehnt sich oder schrumpft nicht durch externe Einflüsse, sondern einzig durch unsere Perspektive auf ihren Verlauf.

6. Es gibt keine Lösung zum besseren Warten außerhalb unseres Kopfes. Wir entscheiden, ob wir

gute oder schlechte Wartende sind. Niemand sonst.

7. Der Vorsatz »Ich will besser warten« ist mehr als der erste Schritt zum erfolgreichen Geduldstraining. Es ist der Türöffner zu neuen Perspektiven.

8. Warten heißt, in der Gegenwart zu sein – gutes Warten heißt, gerne in der Gegenwart zu sein.

9. Es geht nicht um nichts. Wer Geduld trainiert, hat eine andere, eine aktivere Vorstellung davon als jene, die nur wollen, dass die Zeit schnell vergeht.

10. »Geduld ist nicht passiv«, soll der Kampfkünstler Bruce Lee gesagt haben, »sie ist im Gegenteil geballte Kraft.« Aus dieser Perspektive erwächst die Aufforderung: Kraft lässt sich trainieren, das muss auch für Geduld gelten.

11. Auch hier liegt eine Parallele zum Lauftraining: Ausdauertraining beim Joggen ist ebenfalls mehr als der Wunsch, lediglich die Strecke von A nach B zurückzulegen.

12. Wer Warten auf diese Weise betrachtet, sieht nicht das große Nichts, das sich zwischen jetzt und dem Zeitpunkt eröffnet, auf den man wartet. Wer Warten auf diese Weise betrachtet, füllt diese leere Zeit mit eigenem, kraftvollem Inhalt.

13. Wenn Geduld wie ein Muskel ist, heißt das: Nur Anstrengung führt zur Verbesserung.

14. Jede wartende Minute ist besser als eine nicht-gewartete Minute. Sie trainiert die Geduld. Diese Perspektive reframt eine gewöhnliche Stunden-Verspätung bei einer Bahnfahrt zu: »Super, eine Stunde Geduldstraining!«

15. Dass Geduld bitter ist, hat angeblich schon Aristoteles ganz ohne Bahnreise gesagt und ergänzt: »Aber ihre Frucht ist süß.« Das mag stimmen, aber gut Wartende schauen nicht auf die Belohnung, sondern nehmen die vermeintliche Bitterkeit als eigenes Ziel des Wartens an.

16. Warten ist nicht mehr bitteres Nichtstun oder Ablenkung, sondern aktive Warte-Arbeit.

17. Laufen ist nicht Bewegung und Rennen, sondern aktives Geduldstraining.

18. »Ein begrenzter Fokus ist immer hilfreich. Die Regel der Bergsteiger lautet: ›Nicht nach unten schauen‹. Die Regel der Läufer lautet: ›Nicht nach oben schauen‹«, schreibt George Sheehan im Buch *This Running Life*« über die Perspektive beim Ausdauertraining: »Ein Blick nach oben und ich bin überwältigt von der Unermesslichkeit der Aufgabe. Die Aufmerksamkeit muss ganz nach innen gerichtet sein – auf die Überwachung des Schmerzes, die Korrektur der

Form und das Leben in diesem kleinen Bereich. Ich kann nicht in der Zukunft leben, die auf der Spitze eines Hügels liegt.« Das muss man zweimal lesen, um zu erkennen, er schreibt nicht nur übers Laufen oder über Lauftraining, er schreibt über die Perspektive auf besseres Warten.

19. Besser wartende Menschen sind in der Lage, schlechte Situationen nicht aus der Opferperspektive zu betrachten. Auch wenn ihnen übel mitgespielt wird – sie verharren nicht in dieser Perspektive. Sie spielen da nicht mit.

20. Energie fließt beim Warten dorthin, wohin die Wartenden die Aufmerksamkeit richten.

21. Wer besser wartet, schaut nicht auf das, was fehlt, sondern auf das, was da ist und entsteht.

22. Am besten warten diejenigen, die sich selbst vergessen lassen, dass sie tun, was im klassischen Sinn als Warten beschrieben wird.

23. Um gutes Warten zu beschreiben, bräuchten wir einen anderen Begriff. Einen, der nicht negativ besetzt ist und nicht passiv. Einen, der nach Freude klingt und nach Selbstbestimmung.

24. Was alle verbindet, die gut warten können: Sie haben ein selbstbestimmtes, aufgeklärtes Verhältnis zu ihrer eigenen Aufmerksamkeit. In

diesem Sinne könnte man sagen, sie haben den Mut, sich ihrer eigenen Aufmerksamkeit zu bedienen – *attendere aude!*

EIN TELEFONAT MIT REINER CALMUND
Warteberater, Fußballexperte, Vortragsredner

Reiner »Calli« Calmund ist einer der gefragtesten
Fußball-Experten in Deutschland. Als Buchautor,
Keynote Speaker und beliebter Juror der Koch-
show *Grill den Henssler* nimmt er kein Blatt vor
den Mund und ist für jeden Spaß zu haben. Calli
war telefonischer Warteberater in der *Schöner
Warten*-Hotline und überraschte die Anruferin-
nen und Anrufer mit kulinarischen Tipps.

Bist du ein geduldiger Mensch?
Nein, auf keinen Fall. In jeder Minute meines Lebens bin
ich ein ungeduldiger Mensch gewesen. Und daran wird
sich wohl nichts mehr ändern.

Lässt du andere warten, oder ist dir das unangenehm?
Grundsätzlich ist es mir unangenehm, andere warten
zu lassen. Aber manchmal gibt es keine Wahl. Früher
war das oft grenzwertig, als ich noch Manager von Bayer
Leverkusen war. Aber was sollte ich machen? Wenn ich
gerade in einem wichtigen Vertrags- oder Transfer-
gespräch war, konnte ich nicht abbrechen und sagen:

»Draußen sitzt noch einer, wir reden morgen weiter.« Dann musste der draußen eben warten.

Stichwort »Vizekusen« – wie war das unerfüllte Warten auf den Meistertitel?
Es war der Horror. Da arbeitest du viele Jahre monatelang auf den einen Tag hin – und dann das. Ich gestehe, dass mir die Schale fehlt. Weil wir sie verdient hätten. Aber es half ja nichts, Enttäuschungen mussten wir schnell abschütteln, um sie nicht in die neue Saison mitzunehmen. Es warteten neue Herausforderungen auf uns. Und neben den unglücklich verpassten Meistertiteln habe ich nie den ein oder anderen glücklichen Klassenerhalt vergessen.

Fünf Minuten im Fußball können sich lang oder kurz anfühlen, je nachdem ob ein Team führt oder hinten liegt. Was waren die längsten fünf Minuten in deinem Fußballleben?
Im WM-Endspiel 2014 war ich auf einem Kreuzfahrtschiff und habe das Finale mit 1500 Menschen gemeinsam gesehen. In der Nachspielzeit der Verlängerung habe ich mich auf einer Toilette eingeschlossen, weil meine Nerven nicht mehr mitspielten. Es war eine schlimme Warterei, bis wir endlich jubeln konnten.

Was waren die kürzesten fünf Minuten?
Die letzten fünf Minuten im Champions-League-Finale in Glasgow, als wir Real Madrid an die Wand spielten und Iker Casillas jeden Ball abwehrte.

Kann Zeitspiel schön sein?
Schön nie, aber manchmal nötig.

Gute Elfmeterschützen verladen den Torwart durch »Verzögern«. Welche Spieler können das am schönsten?
Der es am schönsten konnte, war der, der es erfunden hat, Antonín Panenka, der 1976 Sepp Maier damit im Elfmeterschießen verlud.

Welchen Trainer hast du zu früh gefeuert? Welchen zu spät?
In der Trainerfrage wird SOS gefunkt, wenn die angestrebten Ziele in großer Gefahr sind und die aktuelle Form der Mannschaft weit unter ihren Möglichkeiten liegt. Es ist schwierig, weil man es mit Menschen zu tun hat, denen man Vertrauen geschenkt hat und die mir vertrauten. Allerdings musst du als Entscheider immer im Interesse des Klubs handeln und nachher die Rübe hinhalten, wenn es schiefgeht.

Ob ich einen zu früh gefeuert habe? Das ist reine Spekulation. Ich weiß ja nicht, ob die Ergebnisse mit dem alten Trainer besser gewesen wären.

Wie viel bist du pro Minute wert?
Mathematisch würde ich sagen 60 Sekunden. In der Realität würde ich sie nie bemessen wollen. Und nicht können. Ich vergeude ja auch manchmal Zeit.

Wäre eine Welt ohne Warten eine bessere oder eine schlechtere Welt?

Warten lässt sich niemals komplett verhindern. Auch wenn ich bei diesem Thema schwer lernfähig bin, sollte jeder das Warten lernen. Du kannst nicht nur nach der eigenen Pfeife tanzen.

Du warst telefonischer Warteberater in der *Schöner Warten*-Hotline. Was hat dir daran gut gefallen?

Der Moment, als die Menschen am anderen Ende der Leitung überrascht gefragt haben: Bist du der echte Calli? Und dass ich den Wartenden eine Freude bereiten konnte. Es kann so einfach sein – du musst Leuten nur Zeit schenken.

Hast du als Warteberater einen Tipp, wie ich positiv mit Wartezeit umgehen kann?

Niemals die Geduld verlieren, keine Schuld verteilen, mit der Situation anfreunden und versuchen, per Handy die Leute davon zu unterrichten, die auf mich warten. Das beruhigt das Gewissen und lockert die Situation auf.

Du musst mehrere Stunden auf einen Bus warten. Mit wem willst du die Zeit verbringen?

Mit Konrad Adenauer, unserem ersten Bundeskanzler. Der Mann hat mich immer fasziniert. Diese Mischung aus Macher, Mahner und Mann von Welt. Ein preußischer Rheinländer mit Schalk im Nacken.

Eine Filmszene zum Thema Warten?
Es ist schön, wie Forrest Gump neben der älteren Dame an der Bushaltestellte sitzt und sagt: »Das Leben ist wie eine Pralinenschachtel. Man weiß nie, was man bekommt.«

Ein Musiktitel?
Nicht einer, Hunderte. Die Musik in den Warteschleifen vieler Ämter oder Firmen, die fallen mir da ein. Oft schrecklich, selten schön. Aber ich nehme den Song meiner Lieblingsband Höhner: »Komm, wir halten die Welt an.«

Auf was würdest du jederzeit wieder warten?
Wir haben viele Monate darauf gewartet, dass unsere Tochter Nicha zu uns gehören darf. Ich bereue keine Sekunde. Wir, in erster Linie meine Frau Sylvia, sind hartnäckig geblieben, haben alle Widerstände erfolgreich bekämpft und nie die Geduld verloren. Wir waren happy, als die Adoption positiv abgeschlossen wurde, und sind heute noch überglücklich. Die lange Wartezeit würden wir wieder in Kauf nehmen.

Haben sich deine Erwartungen ans Leben erfüllt?
Deutlich übererfüllt. Ich habe eine liebenswürdige, kluge Frau, sechs Kinder und aktuell fünf Enkelkinder, mir geht es gut, und ich spüre häufiger Zuneigung als Ablehnung. Ich bin immer noch fit in der Birne, habe durch die Magen-OP jede Menge Lebensqualität dazugewonnen. Alles in allem bin ich ein glücklicher Mensch – und das ist eine Menge wert.

Welche Abwesenheitsnotiz würdest du kurz vor deinem Tod einrichten?

»Et wor schön, et wor joot – am Eng' e bessje ze koot« und »Leever Jott, nemm mich su, wie ich ben«.

DER ANTIFUSSBALLER
Warteberater Guido Rohm, Autor

Der Lehrer sagte: »Na, dann wählt mal zwei Mannschaften.«

Und dann bestimmte er die zwei besten Fußballer
der Klasse, damit sie die Mannschaften aufstellten.

»Ich nehm den Ulli.«

»Markus!«

»Jürgen!«

Jede Wahl ein Schachzug, bis ich und ein, zwei andere Antifußballer an der Reihe waren. Uns wollte
keiner haben. Wir waren das Zonenrandgebiet der
Fußballkunst. Der Todesstreifen für jedes Team. Die
schlechten Trauben. Angebrannter Reis am Boden eines Topfes.

Jetzt wurde es kompliziert. Es kam zu längeren Über-
legungen, die den Rest der Schulstunde aufzufressen
drohten.

Keiner wollte uns in seiner Mitte haben. Wir waren
ein Minenfeld, das über Sieg oder Niederlage entscheiden konnte. Einer von uns konnte ein ganzes Spiel mit
sich in den Abgrund reißen. Wir waren mächtig. Es gab
Zeiten, da drohte ich, wenn man nicht besonders nett
zu mir war, freiwillig in eine Mannschaft zu kommen.
Das zog. Eine solche Andeutung versüßte mir das Leben

über Wochen hinweg. Mein fehlendes Können machte mich zum König. Meine zwei linken Füße waren das Schwert des Damokles.

Theatral
WARTEN

Eine Flasche, ein Buch, ein Bett, ein Sarg, eine Uhr, vier Stühle, ein Spazierstock, ein Vogelkäfig, eine Brotmaschine, ein Notenpult, ein Staubsauger, drei alte Schallplatten, ein Dingsbums. Wir stöbern durch den riesigen Fundus des bayrischen Staatsschauspiels in München. Unzählige alte Dinge liegen verstaubt herum. Sie schlummern und warten auf Berührung. Wir wühlen in den Sachen und picken uns genau tausend Gegenstände heraus, die wir in den nächsten Wochen auf der Bühne des Marstalltheaters mit Musik zum Leben erwecken. Der bildende Künstler und Komponist Christian Marclay hat mich für seine Produktion »Les Sortilèges« als Performer engagiert. Häufig benutzt er in seinen Arbeiten alte, gebrauchte Schallplatten und andere Tonträger, die er manipuliert, verformt oder sogar zerstört, um Soundeffekte zu erzeugen. 2011 gewinnt er mit seinem Meisterwerk »The Clock« den goldenen Löwen auf der Biennale von Venedig. Christian hat sich für mich entschieden, weil ich jonglieren kann. In der ersten Probenwoche drückt er mir die drei alten Singles in die Hand. »Ich wollte schon immer fliegende Schallplatten in eine Performance einbauen. Kannst du was damit anfangen?« Ich beginne, eine Choreografie zu entwickeln. Sechs Wochen lang bin ich jeden Morgen eine halbe Stunde früher da und übe vor den Proben. Die Routine wächst, die Premiere kommt näher. Nach der Generalprobe entscheidet sich der Regisseur für letzte Kürzungen. Die Schallplattenjonglage fliegt raus. *Kill your darlings*. Manchmal müssen die schönsten Dinge dran glauben.

27 Jahre später. Ich schreibe am Buch und suche für diesen Text die alten Zeitungskritiken und Vorankündigungen der Performance. Ich gehe in den Keller. Unzählige alte Dinge liegen verstaubt herum. Ich wühle in den Sachen. In der hintersten Ecke auf einem Regal unter mehreren Zeichenblöcken liegen die drei Singles. Ich konnte mich nicht trennen. Seit Jahren warten sie auf Berührung. Ich werfe ihnen ein Lächeln zu. Für einen Augenblick schweben sie.

WARTEN AUF DEM THEATER
Warteberater Matthias Günther, Dramaturg
am Thalia Theater Hamburg

Matthias Günther studierte Kulturwissenschaft und ästhetische Praxis in Hildesheim und war Dozent im Institut für Medien- und Theaterwissenschaft der Universität Hildesheim. Er arbeitete als Gastdramaturg bei den Wiener Festwochen, den Salzburger Festspielen und dem Schauspielhaus Zürich. Ab 1998 war Matthias Schauspieldramaturg und Regisseur am Theater Basel, danach an den Münchener Kammerspielen. Seit 2015 ist er Dramaturg am Thalia Theater Hamburg.

Kurz vor einer Theateraufführung läuft der Countdown. »Noch fünf Minuten bis zum Beginn der Vorstellung«, lautet die Durchsage aus den Lautsprechern. Alle begeben sich in Startposition. Die Zuschauer nehmen ihren Platz ein und blättern flüchtig im Programmheft oder lutschen Pastillen, um plötzliche Hustenanfälle zu vermeiden. Ein letztes Mal lesen sie neue Nachrichten auf dem Handy, ehe sie den Flugmodus einschalten. Für die Zeit der Aufführung gönnt sich das Publikum den

Luxus der Unerreichbarkeit. Dringende Angelegenheiten müssen warten. Hinter den Kulissen steht ein Bühnenmeister und prüft, ob die Funkverbindung zu den Bühnentechnikern funktioniert. In der Maske wird ein Gesicht gepudert. Einige Schauspieler checken, ob ihre Requisiten am richtigen Ort stehen. Private Gespräche versiegen. Konzentration ist angesagt. Einer raucht seine letzte Zigarette. Andere gehen auf und ab. Manche haben Ängste oder Zweifel und versuchen gleichzeitig ruhig und hoch gespannt zu sein. Tief in den Bauch atmen, spüren, wo die Kraft sitzt, meditativ den Kopf freimachen. Ein Balanceakt. Ein paar stehen im rituellen Kreis und halten sich an den Händen, motivieren sich gegenseitig und wünschen sich eine gute Vorstellung. Dann geht es los. Der Vorhang öffnet sich, falls es überhaupt einen Vorhang gibt.

– Stopp. Einen Moment. Warte mal. Ich habe eine Frage: Was wird eigentlich gespielt? Doch nicht etwa *Warten auf Godot?*
– Nein! (Achtung Spoiler!) Er kommt nicht.
– Okay. Was dann?
– Das ist die Frage. »Sein oder nicht sein.«
– *Hamlet!*
– Richtig.

Hamlet ist die *Mona Lisa* unter den Theaterstücken. Die Geschichte des Prinzen von Dänemark ist ein richtiger Blockbuster auf den Spielplänen der Stadttheater. Es gibt Erzählungen, die berichten von langen Warteschlagen vor der Theaterkasse. In Zeiten, als Theater noch Orte bürgerlicher Selbstvergewisserung waren, kampierten richtige Theaterfans in den frühen Morgenstunden auf Klappstühlen, um Karten zu ergattern. Hamlet ist der Superstar unter den Theaterfiguren, ein Mick Jagger aus der Renaissance – ein »Prince Fighting Man«, der einen Auftrag hat: Rache zu nehmen am Onkel, der seinen Vater mordete und die Mutter heiratete. Erfahren hat das Hamlet vom Geist seines Vaters. Aber ist einem Geist zu trauen? Hamlet ist ein junger Intellektueller, der in Wittenberg studiert, zweifelt und zögert. Er sucht Beweise und wartet auf den richtigen Augenblick, um zur Tat zu schreiten, muss aber vorher noch das Kleingedruckte lesen. »Hallo, Hamlet, die Leute warten!«

– Warte mal. Ich bin mir gerade unsicher, ob *Hamlet* wirklich eine gute Idee ist. Wie soll das heute gespielt werden? Sitzt der Hamlet da in einer modernen Inszenierung und diskutiert mit seiner Mutter über familiäre Probleme?
– Du meinst, eine Art systemische Therapie in einem sehr teuren Wohnzimmer.
– Ja, eine Anleitung zum Unglücklichsein. Eine paradoxe Intervention. Hamlet legt den Kopf auf den Tisch und hört die Welt ihre Runden drehen. Ich glaube, ich möchte meinen Theaterabend als etwas Schönes in Erinnerung behalten und nicht als Therapiesitzung.
– Vielleicht wird es ganz anders?
– Nein, ist nicht noch eine Alternative im Angebot?
– »Sey getreu, warte nur ein wenig, ich komme gleich wieder.«
– Willst du gehen?

- Nein, das ist ein Zitat aus *Romeo und Julia*, der größten Liebesgeschichte aller Zeiten. Zwei Liebende, die an der Feindschaft ihrer Familien zugrunde gehen. Es ist Shakespeares meistgespieltes Drama.
- Ach so, dann ist DAS eigentlich die *Mona Lisa* unter den Theaterstücken. Aber Mona Lisa wäre dann Julia. Und wer ist Romeo? Wo finden wir Romeo, der muss auch irgendwo abgebildet sein?
- Ja klar! Warte mal. Ich gehe in mein Archiv.
- Welches Archiv?
- Das Archiv in meinem Kopf. Also, ich glaube Romeo finden wir in der Sixtinischen Kapelle in Rom. Auf einem Wandgemälde von Michelangelo, es heißt *Die Erschaffung Adams*. Dort sind zwei Figuren, die einander mit ihren Zeigefingern berühren. Ich meine in den Figuren Romeo und den Franziskanermönch Lorenzo zu erkennen. Romeo hat Lorenzo von seiner unstillbaren Liebeslust auf Julia erzählt, die er heimlich heiraten will. Lorenzo ermahnt mit ausgestrecktem Zeigefinger den sehnsüchtig wartenden Romeo zur Mäßigung.
- Ich verstehe. Im Prinzip befindet sich Romeo im Paradies und beobachtet Gottes Schöpfung. Er stellt fest, dass alle Lebewesen Liebesbeziehungen haben, nur er ist allein und wartet auf seine Julia. Aber die heißt doch eigentlich Eva. Sag mal, kennst du den Film *Alles über Eva?* Das ist ein Film über den Kampf zweier Theaterschauspielerinnen.
- Nein, aber ich kenne das Duell der Königinnen *Maria Stuart und Elisabeth* von Friedrich Schiller. Das habe ich kürzlich gesehen. Auf der Bühne treffen sich die Königinnen an einer Bushaltestelle. Beide warten

auf eine Zukunft ohne die andere, um endlich frei atmen zu können. »Das ist der Augenblick der Freiheit,
wenn jede Angst des Irdischen von einem abfällt.«

- Willst du mir jetzt ernsthaft erzählen, Maria Stuart
  und Elisabeth treffen sich an einer Bushaltestelle?
  Das steht doch so nicht bei Schiller?
- Das ist eine moderne Interpretation, aber mit his-
  torischen Kostümen. Sie warten an einer Bushaltestelle im Nirgendwo.
- Und wir warten, dass sich endlich der Vorhang öffnet und dieser Dialog zwischen uns ein Ende findet.
- Warte mal. Du weißt schon, dass dies ein Kopfdialog
  ist, oder? Ein Selbstgespräch, um die Zeit zu überbrücken, bis es endlich anfängt.
- Ja, ich weiß. Das machen wir ja immer. Bis sich endlich der Vorhang öffnet, und dann kommentieren
  wir rezipierend das, was wir gerade sehen.

Der Zuschauerraum wird dunkel. Das Stück beginnt.
Vorhang auf.

DAS WARTEN AUF DEN GROSSEN AUFTRITT

Ich bin überpünktlich. Die A7 war menschenleer. Nur viereinhalb Stunden aus München, Kilometer »fressen«. Auf einer Anrichte im Backstage-Bereich steht Hühnergeschnetzeltes. Scheeßel, München und jetzt Kassel: zum dritten Mal in dieser Woche Hühnergeschnetzeltes, die Allzweckwaffe des Künstler-Caterings.

Es ist der 24. Juni 2009. Heute Abend spiele ich auf einer Sparkassengala vor gut achthundert Zuschauern. Ich sitze allein in der Garderobe der Stadthalle Kassel und warte.

Draußen im Foyer schleppt eine kleine Armada von herausgeputzten Servicekräften das Büfett für die Galagäste herein. Noch knapp fünf Stunden, bis sich achthundert hungrige Mäuler auf Rindsrouladen, Sauerkraut und Sülze stürzen. Die Show ist nur ein Intermezzo. Die Gäste warten nicht auf dich, sondern auf die Rindsroulade.

Das Warten bei einer Firmengala ist ein nervöses, verletzliches Warten, ein Premieren-Warten. Du hast zwar dein langjährig erprobtes Material im Gepäck, weißt aber nie hundert Prozent genau, wie es heute läuft. Jede Bühne ist ein Unikat. Ob es ein schönes Warten wird und du euphorisiert oder frustriert zurück auf die Straße musst, entscheidet das Publikum.

Jeder hat seine eigenen Warterituale. Ich spiele einen artistischen Act, beim Warten brauche ich gutes Timing. Nach der Anreise: lockeres Aufwärmen und Dehnen, den Technikcheck so früh wie möglich, um Hektik zu vermeiden. Die leidige Platzdiskussion mit der Live-Band, die meist »Showexpress« heißt und zwei Drittel der Bühne mit ihren Instrumentenungetümen okkupiert, solltest du nicht zu spät führen. Mit einer diplomatischen Meisterleistung erkämpfe ich mir meine drei mal drei Meter. Spätestens eine halbe Stunde vor Showtime besorge ich mir etwas für den kleinen Hunger und verwandle mich in eine Katze vor dem Sprung.

18:12, noch eine Abmoderation, und ich bin dran. Hinter dem Vorhang höre ich »Magic Martin«, den »magischen Moderator«:

»Liebes Publikum, Waaahnsinn, was für eine Stimmung hier und was für eine zauberhafte Show! Wir kommen zum Höhepunkt des heutigen Tages.«

Ich atme tief durch, er schwingt seinen magischen Zauberstab und ruft: »HIERMIT IST DAS BÜFETT ER-ÖFFNET. GUUUTEN APPETIT!«

Konsterniert starre ich durch den Seitenvorhang. Das hungrige Publikum strömt begeistert ins Foyer. Der Möchtegern-Harry-Potter tänzelt mir beschwingt entgegen wie Fred Astaire in *Singing in the rain* und merkt kein bisschen, dass er mich im Regen stehen lässt.

»Ähm, du hast mich vergessen.«

Kurze Stille, dann er:

»Ach du Sch...«

Er dreht sich um, läuft zurück auf die Bühne und

versucht verzweifelt, die Völkerwanderung ins Land, wo Milch und Honig fließt, zu stoppen, aber das Büfett im Foyer hat magische Anziehungskräfte. Der Riesensaal ist bereits halbleer. Trotzdem moderiert er mich an und schubst mich mit seinen Worten hinaus ins Nichts. Ich stolpere an die Bühnenkante: Ebbe im Saal, Flut im Foyer, alles bewegt sich in Richtung Rindsrouladen. Ich könnte jetzt auf der Bühne herumtigern, laute Witze reißen und wild mit den Armen wedeln – es würde nichts nützen. Intuitiv bleibe ich still und mache nichts, gar nichts. Wie ein kleiner Buddha stehe ich im Spotlight und warte. Ich spüre, wie es klick macht. Mein Licht geht an. Ich strahle von innen wie eine Lampe von Castiglioni. Ich bin der Gott der Langsamkeit, der Kaugummi des Showbiz, mich kriegt hier niemand weg. Ein paar Leute werden neugierig und bleiben stehen. Ich bleibe bei mir, warte ab, bewege mich keinen Millimeter. Noch mehr Leute stoppen. Am Ende sind knapp zwanzig Menschen im Saal – von achthundert. Ihr gehört zu mir. Für euch spiele ich meinen Act, als wäre nichts gewesen. Es wird zauberhaft, ihr liebt mich, es ist der kleinste und größte Auftritt meines Lebens.

Zufrieden lande ich auf der Landstraße und tuckere gemütlich Richtung Norden. Kurz vor Lutterberg starte ich die CD für die besonderen Momente:

»That's life, that's what all the people say,
You're ridin' high in April, shot down in May,
But I know I'm gonna change that tune,
When I'm back on top, back on top in June.«

Next stop: Hildesheim.

IM THEATER
Warteberater Guido Rohm, Autor

– Wann fängt das Stück an?
– Es hat schon angefangen.
– Es hat angefangen?
– Ja. Darum geht es ja.
– Worum geht es?
– Um den Anfang. Der Vorhang hebt sich ein Stück, dann aber hängt er, alles hängt. Es geht nicht weiter.
– Also hat es angefangen?
– Ja.
– Und wann geht es weiter?
– Gar nicht. Darum geht es nicht. Es geht um den Anfang.
– Oh. Aber die Leute flüstern alle.
– Das gehört zum Stück.
– Auch dieser Buhruf?
– Ja. Das Stück interagiert mit uns.
– Ich will gehen.
– Jetzt? Das Stück hat gerade angefangen.
– Aber in zwei Stunden wird es das immer noch.
– Lass uns in der Pause gehen.
– Gibt es denn eine?
– Laut Programmheft nicht, weil es nur den Anfang gibt.

- Und wie lange geht der?
- Drei Stunden.
- Die Ersten gehen.
- Vielleicht sind das die Schauspieler. Bleiben wir. Die Handlung nimmt Fahrt auf.

TIMING
Warteberater Heino Trusheim, Comedian, Coach

Seit 20 Jahren ist Heino Trusheim Stand-up-Comedian. Er war Gast bei *TV Total, Nightwash* und *Ottis Schlachthof*. Heino moderiert seit langem den *Quatsch Comedy Club* und andere Live-Events. Als »Redechamp« unterrichtet er Schlagfertigkeit und Storytelling und hilft Menschen, ohne Angst vor Gruppen zu sprechen.

Freitag, 21:40, im *Quatsch Comedy Club* in Hamburg. Gedimmtes Saallicht, wuselnde Kellner, 280 Zuschauer sitzen an kleinen Tischen mit halb vollen Biergläsern, Rotweinkelchen, Caipis und lachen.

An diesem Abend moderiere ich die Show und stehe zusammen mit den bereits aufgetretenen Comedians im hinteren Zuschauerbereich neben dem Ausgang. Wenn Comedians aus dem Backstagebereich kommen, um einem Kollegen auf der Bühne zuzuschauen, ist das ein gutes Zeichen. Es bedeutet: Der Comedian ist gut. Und dieser ist mehr als gut, sehr viel mehr! Es ist Don Clarke!

Beim deutschen Publikum gelten vielleicht Carolin

Kebekus, Chris Tall und Konsorten als die Cracks der Branche, doch fragt man unter Kollegen um den Jahrgang 1970 herum, wer der beste Stand-up-Comedian ist, fällt meistens ein Name: Don Clarke.

Ein sechzigjähriger, als Maurer nach Norddeutschland eingereister Brite, ein Funny Bone, ein geborener Komiker. Manchmal, wenn er zu viel getrunken hat, klingt sein Deutsch wie eine runtergepegelte Bahndurchsage, man versteht nichts, und Don rast am Publikum vorbei wie ein ICE am Vorstadt-Bahnhof.

Doch heute ist er in Hochform, eine Macht. Ich schaue ihm gebannt zu, jetzt bereitet er seinen nächsten Gag vor, ich kenne sein ganzes Material, auch diesen Gag hier, ein schöner, ein starker Gag. Ich weiß genau, was kommt, er macht das Set-up, spannt den Bogen, ich höre innerlich die Punchline, er bringt sie, und ich lache!

Ich lache?!

Wie kann es sein, dass ich lache?

Ich kenne den Gag. Ich weiß doch genau, was kommt, ich kenne die Vorbereitung, die Pointe, alles! Warum lache ich trotzdem?

Ich hatte darauf keine Antwort. Lange nach der Show, habe ich noch darüber nachgedacht, bin den Gag und Dons Performance immer wieder durchgegangen, habe überlegt, abgewogen, gerätselt – keine Ahnung. Und plötzlich schoss es mir durch den Kopf: Timing! Es war Dons Timing. Don hatte den Gag im perfekten Timing erzählt. Deswegen musste ich lachen, ich *musste*, ich hatte keine Wahl, das Timing zwang mich dazu. Wie eine Feder, die dich kitzelt.

Was ist Timing?

Wie Paul Kuhn sagte: »Es ist kein chinesisches Restaurant.«

Timing besteht aus drei Bauteilen:

1. Das Tempo, in dem ich rede.

2. Die Zeitspanne, die ich bis zu einer Pause brauche.

3. Die Länge der Pause.

Und das wichtigste Bauteil hierbei ist: die Pause.

Moment, das wichtigste Zubehör beim Reden soll der Moment sein, wo ich nichts mache? Wo ich schweige? Aber da mache ich doch – nichts?!

Ja, die Pause ist das Wichtigste, und nein, du machst nicht nichts, du machst sehr wohl etwas: Du wartest.

Doch die meisten wollen oder können beim Reden nicht warten. Sie sind wie Radiosender, die panische Angst haben, den Hörer zu verlieren, wenn nur eine Nanosekunde Stille herrscht. Darum hacken sie dir diese Science-Fiction-Whoosh-Sounds in die Lieder, sobald es nur ansatzweise Richtung Ende geht. Als ob man die Aufmerksamkeitsspanne eines Hundewelpen hätte – *keep talking, keep talking!*

Persönlich höre ich mittlerweile nur noch NDR 1, das ist wunderbar, da sind die Pausen teilweise so lange, dass ich Angst habe, der Moderator ist gerade gestorben, was beim Altersdurchschnitt der Zuhörer und Moderatoren jederzeit der Fall sein kann. Nein, wir können oder wollen nicht warten. Zu riskant, wir verlieren den Gesprächspartner.

»Wo ist Joe?«

»Joe hat's nicht geschafft. Wir haben ihn verloren.«

Nebenbei: Worauf sollen wir überhaupt warten in der Pause? Applaus? Rosen? Auf die Resonanz des Gegenübers. Ja, das vergessen die meisten, es gibt ein

Gegenüber, Überraschung! Du wartest auf Resonanz, darauf, ob deine Message, dein Satz, dein Bild, dein Gedanke dort bei ihm oder ihr angekommen ist. Ob dein Paket abgeliefert wurde, nicht an der Paketstation im Kiosk, mit Zettel an der Haustür, sondern in den Händen bzw. den Ohren des Adressaten.

Warten! Es lohnt sich. Warte, bis du weiterredest, gib dem Gegenüber Zeit zu atmen. So, wie du ein Kind fütterst, du stopfst ja auch nicht einen Plastiklöffel Pastinakenmus nach dem anderen in die Kleine. Du wartest, bis der Brei im Bauch, auf dem Lätzchen oder in deinem Gesicht gelandet ist, dann kommt der nächste Löffel. Genauso ist es beim Reden. Warte auf das Okay des Gegenübers! Auf sein Zeichen: Es ist angekommen.

Was sind das für Zeichen, die zeigen: Deine Worte haben ihr Ziel erreicht?

Ganz unterschiedlich, ein kleines Nicken, ein »O. k.«, ein »Aha«, ein »Soso«, leicht aufgehende Augen, ein Stirnrunzeln, eine Nachfrage, ein Stirnreiben, ein Einatmen. Genau auf diese Zeichen wartest du, und erst dann redest du weiter, denn dann ist der andere wieder aufnahmebereit für den nächsten Löffel und freut sich: Lecker, Pastinake!

Wenn das Warten in der Pause bei normalen Sätzen schon wichtig ist, so ist es entscheidend vor einem bedeutenden Satz oder Wort. Der wichtigste Satz beim Comedian ist die Punchline. Achte darauf: Vor der Pointe machen Comedians oft eine Pause, manchmal nur kurz, minimal, kaum wahrzunehmen, aber sie ist da. Diese Pause bereitet den Weg für die Pointe. Die Pause ist wie der Bogen, den du spannst, um den Pfeil abzuschießen.

Mein Tipp an dich, Winnetou, Häuptling der Pausen: Lass den Pfeil erst los, wenn das Ziel vor dir steht. Warte! Hugh!

Kunstvoll
WARTEN

Mittwoch, 12.5.2010. Endlich stehe ich vor dem MoMa, dem weltberühmten Museum of Modern Art in New York. Gleich werde ich Marina Abramovićs Performance »The artist is present« erleben. Ich gehe zur Eingangstür. Sie ist geschlossen. Na gut, dann eben erst morgen.

Donnerstag 13.5.2010. Erneut stehe ich vor dem MoMa. Ich gehe zur Eingangstür. Sie ist offen. Ein paar Schritte geradeaus und ich bin am Ticketschalter. Die Dame am Tresen weist mich darauf hin, dass die Warteschlange für die Tickets auf der linken Seite beginnt. Während ich ungeschickt versuche, mich links einzureihen, und aus Versehen einmal gegen die Wand laufe, kommen ein paar andere Besucher und überholen mich frech. Ich warte. Nach zwei Minuten bin ich dran, nehme mein Ticket in Empfang und marschiere nach rechts an einer Aufsichtsperson vorbei in den nächsten Raum. Vom 14. März bis zum 31. Mai sitzt Abramović, die serbische Performance-Ikone, während der Öffnungszeiten des Museums im Atrium an einem Tisch und schweigt. Ihr gegenüber steht ein Stuhl, auf dem du Platz nehmen und ihr in die Augen schauen kannst, solange du willst. Rund 1.500 der insgesamt 750.000 Gäste werden sich stundenlang in eine Warteschlange stellen, um Teil des stillen Schauspiels zu sein, bis die Performance nach 721 Stunden endet.

So viel Zeit habe ich heute nicht. In einer halben Stunde ist eine wichtige Telko, und am Buch muss ich auch weiterschreiben. Deshalb reihe ich mich nicht in die Schlange ein, sondern laufe im Sauseschritt an Hunderten Menschen und Gemälden vorbei in Richtung Abramović. Nur an *Campell's Soup Cans* von Andy Warhol und der *Sternennacht* von Vincent van Gogh mache ich kurz Halt. Endlich! Ich bin ganz vorne und sehe Abramović in ihrem langen roten Kleid. Noch ein paar Schritte und ich bin an ihrem Tisch. »Halt!« Zwei Aufsichtspersonen in Schwarz stoppen mich, weisen mich auf mein rüdes Verhalten hin und befördern mich nach draußen. Das Spiel geht von vorne los. Diesmal nehme ich mir mehr Zeit und stelle mich auf Höhe eines Gemäldes von Henry Matisse ans Ende der Schlange. Alles, was ich jetzt noch machen muss, ist warten. Aus Versehen renne ich meinem Vordermann von hinten in die Hacken und werde von den Sicherheitsleuten erneut hinausgeschmissen.

Mir reicht's. Ich schließe den Browser und hol mir was zu essen. Dieses Spiel ist nichts für Ungeduldige. Es ist definitiv kein *Shooter*, eher ein *Waiter*, sagt Pippin Barr, ein Gameentwickler und Computerkunst-Professor an der Concordia Universität in Montréal. Er hat das Browsergame *The artist is present* entwickelt, mit dem du in einer brutalen, subversiven Geduldsprobe die Abramović-Performance im 8-Bit-Retro-Stil nacherleben kannst. Barrs virtuelles Pixel-Museum hat dieselben Öffnungszeiten wie das echte MoMa. Wer das Spiel zur falschen Zeit startet, steht draußen vor der Tür. Wenn du es an den Tisch von Marina Abramović schaffen willst, musst du im Durchschnitt fünf Stunden lang warten. Zur Belohnung kannst du ihr am Ende – Achtung, Spoiler! – in einer Nahaufnahme unendlich lange in ihre Atari-Augen schauen.

EIN TELEFONAT MIT CARSTEN SCHNEIDER
Warteberater, Collagenkünstler

Carsten Schneider schloss das Studium der angewandten Kulturwissenschaften in Hildesheim 1997 mit Diplom ab. Seitdem widmet er sich der Komposition in WORT, BILD und TON. Bekannt wurde Carsten durch seine Dekonstruktionen des Deutschlandfunks. Wenn ich in Berlin bin, schaue ich gerne in seinem faszinierenden Atelier vorbei.

Carsten, du bist Kleber und Sammler, deine Kunst hat viel mit Warten und Geduld zu tun. Inwiefern?
Ja, meine Zeitungscollagen sind teilweise recht groß: 2,5 Meter bis zu sechs Meter. Ich klebe immer nur Überschriften aus einer Zeitung: Zeit, Welt, Bild, NY-Times usw. Jeden Tag sortiere ich deren Überschriften nach Wörtern wie Geist, Glück, Hoffnung usf. Alle Überschriften mit »Geist« ergeben dann irgendwann ein Bild – da muss man manchmal lange sammeln, bis die richtigen Wörter kommen ...

Und wenn sie nicht kommen?
Och, die kommen schon … ist eine Frage der Zeit.

Wie lange hast du für dein größtes Bild gesammelt?
Das waren 24 Jahre, *Tagesspiegel*. Hat sich aber gelohnt, ist schön geworden.

Wie groß ist dein Archiv?
Gut und gern 300.000 Überschriften und Wörter. Wem die Worte fehlen, der kann gern zu mir kommen. Ich habe auch ein Radioarchiv, sammle den Deutschlandfunk, zerschnibbel ganze Jahre: Einmal hab ich aus den Verkehrsmeldungen eines Jahres – das waren bummelig 100.000 – ein Hörspiel geschnitten. Hat auch gedauert, sieben Jahre für 40 Minuten. Aber zwei Jahre davon waren Pause, sonst wirst du verrückt.

Wann hast du das letzte Mal gewartet?
Heute Morgen habe ich gewartet, als ich beim Zeitunglesen auf NICHTS gewartet habe. Ich suche derzeit NICHTS, und zwar speziell in der *Zeit*, denn NICHTS in der *Welt* habe ich früher schon gesucht. Heute war NICHTS in der *Zeit* dran. Aber heute war nichts in der *Zeit* drin. Also habe ich die ganze Zeit nichts gemacht und nichts gesammelt – und am Ende aber doch gewartet.

Was war dein schlimmstes Warteerlebnis?
Am schlimmsten war es, wenn der Vater am Wochenende Spaghetti Bolognese zubereitet hat. Das Warten begann um zehn Uhr morgens. Der Vater verschwand in der Küche. Es wurde elf. Dann schlug es zwölf. Um Vier-

tel vor eins wurden langsam der Majoran gerebelt und die Salzmühle gepfeffert. Es dauerte und duftete und dauerte. Am Ende ging's schnell: Er kippte die Maggi-Fix-Packung dazu, und schon war es fertig.

Auf was wartest du gerne?
Ich warte gerne auf den Frühling.

Wie viel bist du pro Minute wert?
Also, ich bin jetzt fuffzig Jahre alt ... das sind, ähm ... das sind ... und ich hab tausend Mark ... Tausend Mark durch fünfzig sind schon mal zwei ... irgendwas mit zwei? ... zwanzig ... das heißt, ich bin zwanzig Mark pro Jahr? Ähm, oder? Hm, dann bin ich pro Minute nicht richtig viel wert?

Du musst mehrere Stunden auf einen Bus warten. Mit wem würdest du die Zeit verbringen?
Na, da nehme ich den Busfahrer!

Eine Filmszene zum Thema Warten?
Ich meine mich zu erinnern, dass Forrest Gump wartend auf einer Bank saß, einsam und allein. Er wartet auf den Bus. So war es auch in Ludwigsfelde im Altenheim. Immer wieder verschwanden Alte, und man fand sie irgendwann an irgendeiner Bushaltestelle wieder. Da kam Frau H. von der Pflegedienstleitung auf die Idee, hinten im Garten eine große Bushaltestelle aufzustellen. Da sitzen die Alten jetzt, sie wollen gar nicht wegfahren, sie wollen nur warten.

Ein Musiktitel?

Ja, Velvet Underground, Lou Reed. »Ich warte auf meinen Mann, ich warte auf meinen Mann!« Das klingt heute vielleicht banal, da wartet jemand auf seinen Mann; aber wir sind hier 1967 in den USA, und damit hatte der junge Lou Reed die Latte recht hoch gelegt. Damit hat er Türen geöffnet für Leute wie die Doors, drei Jahre später konnte Jim Morrison singen: »Waiting for the Son« – »Ich erwarte einen Sohn«!

Für wen würdest du dich zwei Tage lang in eine Warteschlange stellen?

Für meine Frau.

Gibt es noch etwas, was du zum Thema Warten loswerden willst?

Meine Ungeduld.

IM WARTEZIMMER
Warteberater Carsten Schneider

Jüngst hat meine Frau bei uns zu Hause ein Wartezimmer eingerichtet. War ich anfangs noch etwas verdutzt, ob des Sinns und Nutzens, so sitze ich mittlerweile immer häufiger selbst darin. Ich suche mir gern einen Platz am Fenster, gleich neben den Kakteen. Vor mir auf dem Flachtisch liegen wohldrapiert die Zeitschriften des Lesezirkels, bei denen man von außen nie erkennt, was innen drin ist – so ähnlich wie bei meiner Frau. Wartend blättere ich mich durch die Jahreszeiten: Frau im Bild, Bild im Kopf, Kopf im Sand. Oder ich betrachte die verglaste Volkshochschulkunst an den Wänden. Ich frage mich, ist das Batik oder Aquarell? Ohnehin ist dieser Raum mit Fragen gespickt: Wem gehört der blaue Schirm im Ständer? Warum blubbert der Wasserspender, und wer regelt den Takt? Wer faltet die Leporellos für die Infosäule? Und weshalb spielt niemand mit den Bauklötzen? Wäre ich Agatha Christie, hätte ich die helle Freude an diesem Raum, vielleicht schriebe ich den Blauschirmmörder. Aber ich bin es nicht, und so sitze ich im Wartezimmer und schaukle den Unterschenkel, bis die Blutarmut beginnt. Meistens warte ich allein im Raum. Aber hin und wieder begegne ich dort meiner Frau. Wenn sie reinkommt, grüßt sie vertikal an mir vorbei, und nachdem sie umständlich Mantel und Schal an die Garderobe geklimpert hat, setzt sie sich auf den mathematisch weit entferntesten Stuhl. Und dann bummelt ihr Blick durch den Raum, aber immer dorthin, wo meiner nicht ist. Weht mein Blick durch die Deckenflucht, klebt ihrer an der Teppichkante. Einmal sprach sie mich an, aber nur, weil mir die Rotweinwerbung aus der Zeitschrift gerutscht war. Meistens sitzt sie still da, die Lippen nach innen gesogen und wartet einfach so ab, ohne was zu tun. Man wird hier ja nicht aufgerufen, deshalb kann man lange warten. Und das tun wir.

DER HAUCH
Warteberater Guido Rohm, Autor

- »Ihr Vater ist Künstler?«
- »Richtig.«
- »Hat er schon ausgestellt?«
- »Nein, äh, er haucht Fensterscheiben an und malt dann mit seinen Fingern Bilder.«
- »Die verschwinden ja wieder.«
- »So wie wir alle.«
- »Dann sollte man in seiner Nähe sein, wenn er malt.«
- »Auf keinen Fall. Dann kann er nicht.«
- »Nicht?«
- »Nein, er muss vollkommen allein sein. Dann haucht und malt er.«
- »Haben Sie schon mal eines seiner Bilder gesehen?«
- »Nein.«
- »Er hat nur davon erzählt.«
- »Das hat er nicht. Wir vermuten, dass er solche Bilder malt.«
- »Und warum?«
- »Weil er so gar nicht über dieses Thema reden will.«
- »Sie haben es also schon angeschnitten.«
- »Nein.«
- »Sie wissen gar nicht, ob er diese Bilder malt.«

- »Wissen? Nein. Aber wir sind trotzdem sehr stolz auf ihn und seine Werke.«
- »Die es vielleicht gar nicht gibt.«
- »Natürlich nicht. Sie wurden ja nur gehaucht.«

EIN TELEFONAT MIT ALETTA JAECKEL
Warteberaterin, Stadt- und Museumsführerin

Aletta Jaeckel hat über 25 Jahre Erfahrung im Tourismus. Sie war für das Nationale Fremdenverkehrsamt der Niederlande tätig, das Niederländische Büro für Tourismus in Köln und regionale Tourismusverbände in Deutschland.

Seit 2011 lebt Aletta in Halberstadt und arbeitet als Stadt- und Museumsführerin. Sie ist Vorstandsmitglied der John-Cage-Orgel-Stiftung, die seit 2001 das langsamste Musikstück der Welt aufführt.

Wie fühlt es sich an, wenn du als Stadtführerin auf eine Gruppe wartest?

Auch wenn ich das seit Jahren mache, sind das immer wieder aufregende Minuten, während denen ich ein bisschen nervös bin. Sind die Leute flott oder langsam? Hatten sie bisher einen guten oder schlechten Tag? Haben sie Bock oder nicht? Du weißt nie, auf was du wartest.

Brauchst du ein besonderes Gefühl für Timing?

Eine Reisegruppe ist eine zähe Masse, die sich schwer von A nach B bewegen lässt. Damit sich eine Gruppe nicht zu sehr dehnt, darf die Wartezeit für die Schnellen nicht zu lange dauern. Gleichzeitig musst du den Langsamen das Gefühl geben, dass sie mitkommen. Du musst ein Tempo finden, mit dem alle happy sind.

Was hast du durch das Warten in der Coronazeit gelernt?

Anfangs war es ein ungeduldiges Warten. Ich dachte naiv, nach drei Wochen müsste das Ganze vorbei sein. Dann merkst du, das wird doch länger dauern, und nach der ersten Panik vor Jobverlust wurde das eine kreative Zeit. Ich habe angefangen, Bücher zu lesen, die schon lange auf mich warteten. Ich hatte die Ruhe, Ideen auszuarbeiten. Da sind neue Stadtführungen entstanden. Außerdem war es eine Zeit des Umdenkens. Brauche ich all das, was ich habe, zum Beispiel die 120 Quadratmeter Wohnfläche? Könnte ich nicht ausmisten? Während Corona habe ich mich von vielem getrennt. Ich habe in dieser Wartezeit gelernt, zu reduzieren, flexibel zu sein und mich neu zu erfinden.

Was war dein schlimmstes Warteerlebnis?

Bei einer routinemäßigen Mammographie wurde etwas Auffälliges gefunden. Ich musste ein zweites Screening über mich ergehen lassen. In der Wartezeit auf den neuen Termin gingen mir tausend Dinge durch den Kopf: Was, wenn es Brustkrebs ist? Wie und wann erzähle ich es? Will ich das teilen, mit Menschen, die mir lieb sind, oder behalte ich das für mich? Ich habe am

Ende niemanden informiert und war mit diesem unsicheren Gefühl allein, habe aber niemanden beunruhigt. Es ging alles gut aus, aber diese Zeit, bis das Ergebnis kam, die wünschst du niemandem.

Was erwartest du vom Rest deines Lebens?
Ich erwarte nicht zu viel, sondern nehme das Leben, wie es kommt. Ich versuche im Hier und Jetzt zu sein, zufrieden zu sein mit dem, was ich habe. Du kannst so viele Pläne machen, wie du willst, meist kommt es anders.

Du befindest dich in einer Warteschlange. Vor dir warten fünf freundliche Menschen an der Kasse: Was machst du, damit man dich vorlässt?
Ich will mich nicht vordrängeln. Wenn ich im Supermarkt stehe und gucke, was die Person vor mir auf das Band gelegt hat, da male ich mir aus, was das für ein Mensch sein könnte. Da kannst du schön rumspinnen.

Ein Tipp, wie ich positiv mit Wartezeit umgehen kann?
Akzeptanz! Nimm es hin. Wenn du das schaffst, kannst du das Warten gelassener sehen und dir Alternativen überlegen. Lies ein Buch, hör Musik, mach was Unerwartetes, und komm ins Gespräch mit den anderen Leuten, die auch warten.

In Halberstadt wird das langsamste Musikstück der Welt von John Cage aufgeführt. Du bist Vorstandsmitglied der John-Cage-Orgel-Stiftung. Kannst du das Projekt beschreiben?
Das langsamste Musikstück der Welt heißt ORGAN²/ASLSP und wird seit 2001 in der Burchardikirche in Hal-

berstadt aufgeführt. Erst nach 639 Jahren wird es enden und dauert damit etwa so lange wie die gesamte Bauzeit des Kölner Doms. Das ursprünglich für Piano geschriebene gut 29-minütige Stück stammt vom amerikanischen Komponisten John Cage. 1987 hat er es für den deutschen Organisten Gerd Zacher zu einem Orgelstück umgeschrieben. Die »2« im Titel verweist auf die zweite Version, und das »ASLSP« bedeutet »as slow as possible«.

Bei einem Musiksymposium 1998 in Trossingen kamen Forscher auf die Idee, das »so langsam wie möglich« so wörtlich wie möglich zu nehmen, und das generationenübergreifende Halberstädter Projekt nahm seinen Lauf. Einzelne Klänge der Performance dauern Monate oder Jahre. Das Kontinuum von Zeit und Geschichte scheint aufgesprengt, die Zuhörer erleben ein Stück Ewigkeit. Wenn das Kunstprojekt wie geplant bis zum 4.9.2640 realisiert wird, hat das Kirchengebäude einen so lang andauernden Frieden erlebt wie nie zuvor.

Was hätte Cage zum Halberstädter Projekt gesagt?
John Cage ist 1992 verstorben, somit wusste er nichts von unserem Stück. Wir haben Kontakt zu seiner letzten Mitarbeiterin. Sie meint, die Idee sei in seinem Sinne. Ich glaube, er würde es gut finden. Für Cage war alles, was man hört, Sound – also Musik. Schau dir sein Stück 4′33″ an, das aus vier Minuten und 33 Sekunden Stille besteht. Obwohl es für Klavier geschrieben ist, wird darin kein Klavier im klassischen Sinn gespielt. Aber alle Zwischengeräusche, die während der Aufführung entstehen, zum Beispiel das Husten eines Zuschauers, gehören zum Sound des Werks.

Denkt ihr bereits an das Ende des Projekts?

Wir sind gerade dabei, für »The Final Act« am vierten September 2640 eine Eintrittskarte zu entwickeln. Die muss fälschungssicher sein, lange halten und die Zeit überdauern. Sie könnte aus Papier oder Metall sein. Mit den Geldern, die wir daraus generieren, können wir dem Projekt weit in die Zukunft helfen.

Dass du das Ende der Performance im Jahr 2640 Jahren noch erlebst, ist unwahrscheinlich. Bis wann willst du das Stück gerne hören?

Der erste Teil endet am fünften Juli 2071 um 15 Uhr. Ich bin dann 101 Jahre alt. Die Orgelpfeife h wird aus der Orgel herausgenommen, und bis zum fünften September 2072 ist nur noch der Blasebalg und Wind zu hören.

Es wäre schön, wenn ich an dem Tag die Organistin wäre und man mich – wahrscheinlich mit Rollator oder Rollstuhl – bis an die Orgel schiebt. Ich muss langsam eine kleine Treppe hochsteigen und ziehe diese Orgelpfeife. Ab da ist Stille.

Welche Abwesenheitsnotiz würdest du kurz vor deinem Tod einrichten?

Och, das würde ich kurz halten. Ich würde sagen: Predigt 3, Vers 1-22.[13]

---

[13] Alles hat seine Zeit ...

▷ Übung

4'33"

Wenn du das nächste Mal am Bahnsteig auf den Zug wartest, mach es wie der amerikanische Komponist John Cage. Für ihn ist alles, was klingt, Musik. Stelle den Handywecker auf vier Minuten und 33 Sekunden. Schließe deine Augen und lausche viereinhalb Minuten lang der Soundkomposition aus unzähligen Alltagsgeräuschen. Mach die Wartezeit zur Resonanzzeit.

Auf bessere Zeiten
WARTEN

Diese Woche bin ich abends immer eine Stunde in einem Online-Schreibworkshop auf Zoom. Gut 180 Leute. Es gibt kurze Schreibaufgaben, bevor ein paar Freiwillige ihre Texte präsentieren. Heute geht es um das Thema Jugendliebe. Meine Frau guckt mir über die Schultern. Ich beginne etwas aufs Papier zu kritzeln. Nach zehn Minuten meldet sich eine Teilnehmerin und liest vor. Ihr Text spielt in einem schönen Schwimmbad in Oberbayern. Gut, es gibt viele schöne Schwimmbäder in Oberbayern, aber gegen Ende fallen zwei Namen, die ich kenne, und plötzlich kapiere ich, dass ich auch die Frau kenne, die gerade vorliest. Vor gut 33 Jahren war ich mit ihr in genau diesem Schwimmbad. Es war die Zeit, als ich nach einem schweren Verkehrsunfall und mehreren Operationen in der Warteschleife des Lebens hing. Mir ging es nicht gut, meine Zukunft war unsicher, ich wusste nicht, wohin mit mir. Wir lagen dicht nebeneinander auf der hügeligen Wiese vor dem Sprungturm, und sie meinte: »Du, in Hildesheim gibt es einen Studiengang, der wäre vielleicht was für dich, irgendwas mit Theater und Kunst.«

Meine Liebste steht immer noch hinter mir und legt ihre Hand auf meine Schulter. Wir haben uns in Hildesheim kennengelernt. Ohne die Frau, die auf Zoom gerade den Text vorgelesen hat, wären wir nicht zusammen.

ZEIT ZU GEHEN

Statistisch gesehen gerätst du zweimal im Leben in eine lebensgefährliche Situation. Nur einmal überlebst du.

Herbst 1990. Während ganz Deutschland von blühenden Landschaften träumte, lebte ich in Bristol meinen Traum. Ich hatte die Aufnahmeprüfung an der nationalen britischen Zirkusschule in der Thomas Street bestanden und wohnte in St. Pauls. Hoch oben im renovierten Kirchenschiff der St. Agnes Church, die zu einem luftigen Trainingsraum umgebaut wurde, hing ich am Trapez. Auf Partys tanzte ich zu David Bowies »Heroes«. Nach der Ausbildung wollte ich als Straßenkünstler durch Europa touren.

Hochachtung vor meinen Eltern, dass sie mir keine Steine in den Weg legten. Immerhin mussten sie der Nachbarschaft an der Kasse beim SPAR erklären, was der Junge vorhat in seinem Leben:

»Na, was macht die Sabine nach dem Abi?«

»Die studiert Jura in München.«

»Und die Gabi?«

»Ich glaube Medizin.«

»Und was macht der Armin?

»Der ist in England und wird Clown.«

Beseelt vom Theaterunterricht rase ich am Nachmittag des 6. November auf meinem klapprigen Fahrrad den Arley Hill hinunter. Es ist traumhaftes Wetter, in Gedanken sehe ich mich vor jubelndem Publikum im Londoner Covent Garden spielen.

Plötzlich wird es dunkel. Aus dem Nichts taucht neben mir ein Sattelschlepper auf. Im toten Winkel verschluckt mich sein Schatten. Er biegt rechts ab und rammt mich blitzschnell vom Rad. Der Tod will mich aus dem Spiel nehmen, *but the show must go on!* Ich springe nach rechts und fliege unkaputtbar wie ein Superheld durch die Lüfte ...

Auf einmal fühlt sich alles leicht an. Ich schwebe drei Meter über mir und sehe mich von oben auf dem Boden liegen. Blaues, flackerndes Licht. Zwei Menschen beugen sich nach unten und heben mich auf eine Trage ...

Langsam öffne ich die Augen. Grelles weißes Licht. Über mir zwei Männer in Arztkitteln, mein Fuß in einer Schlaufe. Wo die Zehen hingehören, hängt schlaff die Ferse. Komischer Anblick. Die zwei versuchen das Gelenk einzurenken. Ich spüre, dass ich nichts spüre – Adrenalinekstase. Sie witzeln, als wäre es *business as usual*. Was für ein Zirkus. Erschöpft döse ich weg, die folgenden Sekunden erscheinen mir wie ein seltsam schöner Traum ...

Mit offenen Armen renne ich quer über die Holzdielen der Kirchenbühne und improvisiere. Körper und Stimme im Flow, Expressive Movement, Namen tanzen.

Immer wieder ruft Guy, der Lehrer: »Let go, let it flow!«

Ich lasse los und schreie wie am Spieß. Die zwei Männer stürzen sich auf mich, fixieren meinen Oberkörper.

Sie drücken mir eine Maske ins Gesicht. Fühlt sich komisch an, muss Lachgas sein. Niemand witzelt mehr. Ich brülle weiter, höre mich aber nur noch leise aus der Ferne ...

Drei Tage später:
Ich liege in einem Mehrbettzimmer. Neben mir der junge Tim, eingegipst wie eine Mumie in einer weißen Ganzkörperschale. Er hat sich den Rücken gebrochen und darf sich sechs Monate lang keinen Millimeter bewegen. Aus Solidarität falte ich meine Hände auf meinem Bauch und verwandle mich in einen Pharao: Tutancharmin. Wir starren an die Decke. Stillstand, Tränen, Arztvisiten. Meine OP lief schlecht. Ich muss erneut unters Messer.

Drei Wochen später:
Der Arzt checkt die Röntgenbilder. Das Gelenk steht immer noch nicht korrekt, er will ein drittes Mal ran. Ich winke ab und lasse mich nach Deutschland fliegen, mein Fuß ist kein Trainingslager.

Zu Hause liege ich stundenlang auf dem Sofa und träume mich weg ...

Volles Stadion, Tartanbahn, Leichtathletik-WM. In Gedanken renne ich die 100 Meter in Weltrekordzeit. Wie Armin Hary 1960 in Zürich. Immer wieder, unbesiegbar. Bald werde ich nach England zurückgehen können.

Drei Monate später:
Krankenhaus Berchtesgaden. Eine Infektion hat sich wie ein fieses kleines Nagetier am Knochen festgefres-

sen. »Wenn wir das nicht in den Griff kriegen, müssen wir Ihren Fuß amputieren.« Stille, Schweigen, Galgenhumor: Von einem Freund lasse ich mir einen Scherzartikel auf die Station bringen, einen täuschend echt aussehenden Plastikfuß. Ich drapiere das Teil ans Bettende, nur die Zehen schauen unter der Decke hervor. Bei der nächsten Arztvisite schiebe ich die Bettdecke etwas zur Seite und humple auf einem Bein in Richtung Waschbecken. Der Plastikfuß bleibt liegen. Gutes Timing, Riesenlacher.

Doch mein rechter Fuß versteht keinen Spaß. Mehrere Operationen folgen, dreieinhalb Jahre werde ich nicht richtig gehen können.

Sitting, waiting, wishing.

Dreißig Jahre später:
Ich bin im Lauf der Jahrzehnte ruhiger geworden. Das Leben ist kein Sprint, sondern ein Marathon. Alles braucht seine Zeit.

Urlaub in Südengland. Ich bin in Bristol und schaue am Arley Hill vorbei. Ironie des Schicksals: Die Weggabelung, an der mich damals der Sattelschlepper rammte, ist heute eine verkehrsberuhigte Zone. Kein Platz für Raser. Genau an der Stelle, an der ich auf dem Boden lag, steht ein großes gelbes Hinweisschild: »Please switch off engine while waiting.«

Warten kann schrecklich schön sein. Schrecklich, wenn es nicht läuft. Schön, wenn der Stillstand etwas bewegt. Heute bin ich Künstler, stehe auf eigenen Beinen, mir geht es gut. Ich bin Anfang fünfzig, vor mir liegt weniger Zeit als hinter mir.

Warten hat eine existenzielle Dimension. Solange

wir am Leben sind, warten wir auf unseren Tod. Wir
können versuchen, die Zeit totzuschlagen. Es wird uns
nicht gelingen.

Ein letzter Blick auf die Straße.

Zeit zu gehen.

Ich freue mich auf das, was kommt.

REGEN
Warteberater Guido Rohm, Autor

Frank saß in seinem Garten und wartete. Er suchte den Himmel ab. Regen. Es musste unbedingt bald wieder regnen. War das da drüben nicht eine Wolke? »Hier«, rief er. »Hier rüber!«. Aber die Wolke kam nicht. Sie überhörte ihn. Übersah ihn. Als wäre er Luft. Sie zog langsam davon. Frank sank in den Gartenstuhl zurück. Wischte sich den Schweiß von der Stirn. Vielleicht sollte er es online versuchen. Lernten sich nicht alle heute so kennen? Ich, männlich, mit eigenem Garten, suche dich, wolkig, feucht bis regnerisch. Wer weiß, es könnte doch sein ... In diesem Moment verschattete sich sein Gesicht. Er blickte nach oben. Bei Gott, eine Wolke, dunkel, fast bedrohlich. Und schon traf ihn ein Tropfen. »Ja«, schrie er auf. Endlich. Aber nichts geschah. Er hörte ein Kichern. Und sie zog weiter.

EIN TELEFONAT MIT DÖRTE MAACK
Warteberaterin, Rednerin, Moderatorin, Coach

Dörte Maack war Straßenkünstlerin, Akrobatin und Gründerin einer Theatercompany. 1990 besuchte ich zusammen mit ihr die nationale britische Zirkusschule in Bristol. 1992 erfuhr Dörte, dass sie nach und nach erblinden würde. Trotz vollständiger Erblindung absolvierte sie ein Studium der Pädagogik, Sportwissenschaft und Linguistik und arbeitet heute als Moderatorin, Rednerin und Coach. Mit ihrem Mann, ihren beiden Kindern und dem Blindenführhund Lila lebt sie in der Nähe von Hamburg.

In deinem Buch *Wie man aus Trümmern ein Schloss baut* erzählst du von der Geschichte deines Erblindens. An einer Stelle schreibst du: »Auf mich wartete ein einsames Scheißleben.« Wie bist du mit dieser Erwartung umgegangen?
Trotz Wut, Angst und Verzweiflung habe ich mich an jeden noch so kleinen Strohhalm geklammert, um jedes Fünkchen Hoffnung gekämpft, damit ich nicht untergehe. Später habe ich Schritt für Schritt Lösungen ge-

sucht und gefunden, wie ein erfülltes Leben, ohne zu sehen, für mich gehen könnte.

Wenn es uns schlecht geht, brauchen wir keine guten Ratschläge, sondern jemanden der abwartet und zuhört.

Ja, absolut. Wenn du unten bist, muss dir niemand sagen, dass du aus den Zitronen Limonade machen solltest. In den dunklen Momenten ist das größte Glück, jemanden an der Seite zu haben, der mutig mit dir abwartet, bis die dunklen Wolken sich lichten. Jemanden, der zuhört, ohne dich, deine Gefühle oder sonst was ändern zu wollen.

Was macht es mit einem, wenn man auf ein Wunder wartet, es aber nicht eintritt?

Wer immer hofft, stirbt singend ist der Titel eines Theaterstücks an den Münchener Kammerspielen. Das Warten auf ein Wunder kann uns retten. Manchmal müssen wir auf Wunder warten, weil wir die Realität sonst nicht ertragen würden. In dieser langen Wunderwartezeit reifen wir, werden stärker, erfahrener und klüger. Am Ende können wir damit umgehen, dass das ersehnte Wunder doch nicht eingetroffen ist.

Warten kann schrecklich sein, aber auch schön, wenn es mit Wünschen und Hoffnung verbunden ist. Wann hattest du wieder die Kraft, dir etwas zu wünschen?

Vier Jahre nach der Diagnose »Seltene, unheilbare Augenerkrankung« habe ich mir das erste Mal etwas anderes gewünscht, als nicht blind zu werden. Da hatte ich kapiert, dass ich das Blindwerden nicht verhindern kann. Ich war unten angekommen. Zu meiner völligen Überraschung hatte ich endlich Boden unter den Füßen. Ich konnte nach oben zu den Sternen und Möglichkeiten blicken, anstatt in den Abgrund zu starren.

Wir waren vor über dreißig Jahren zusammen auf derselben Zirkusschule in Bristol. Kannst du dich an unseren Trainingsraum in der alten Kirche in St. Pauls noch erinnern? Wie sah dieser Raum aus?

Es gab eine Galerie, auf der das Drahtseil gespannt war. Der hohe Raum hatte einen Holzboden mit dicken Planken, und die Wände waren mit Holz vertäfelt, das weiß gestrichen war. Die alten Fenster waren hoch oben, man konnte nicht auf die Straße sehen. Überall hingen Trapeze, es gab viele Schränke mit Jonglierutensilien und anderen Zirkusrequisiten. In der Ecke unter der Galerie lagen diese dicken Matten herum und ein Stapel dünnerer Matten wie in einer Turnhalle. Als unsere Ausbildung im September anfing, war ein Wespennest hoch oben im Raum. Morgens lagen viele sterbende Wespen auf dem Boden. Eine Wespe stach mich in den Hals, als ich am Trapez hing.

Bist du durch den Schicksalsschlag geduldiger geworden?

Ich bin nicht geduldiger mit mir geworden, aber viel nachsichtiger mit anderen. Ich hatte viele Situationen, in denen andere nicht wussten, dass ich schlecht sah, was zu Missverständnissen führte. Wenn sich heute jemand für mich ungünstig verhält, denke ich: »Wer weiß, was diese Person für Gründe hat? Wer weiß, welche Schlacht sie gerade schlägt?«

Hast du als blinder Mensch in manchen Situationen Wartevorteile?

Mein Vorteil ist, dass ich gute »Wartebegleitung« habe. Zu meinen Moderationen oder Vorträgen bin ich mit meiner Assistentin unterwegs. Da können wir die Wartezeiten prima verquatschen. Wenn ich allein mit meinem Blindenführhund unterwegs bin, habe ich Wartebegleitung auf vier Pfoten, und dabei bleibt es selten. Wenn du blind mit Hund wartest, kommst du schnell mit Leuten ins Gespräch. Ich glaube, echte Menschen sind das Beste, was du in einer Wartesituation haben kannst.

Wie wartest du an Ampeln?

Ich bin da hoch konzentriert und habe meine Ohren überall, es fühlt sich nicht wie Warten an. Ein Tipp für ungeduldige Leute, die an Ampeln warten: einfach die Augen schließen und den unzähligen Geräuschen lauschen.

Bist du schon mal in einer falschen Warteschlange gelandet?

Einmal im Zug. Ich öffne die Türe ins nächste Abteil, bin mir sicher, dass ich in einer Schlange stehe, und frage den für mich unsichtbaren Mann vor mir: »Warten Sie hier auch?« Und es stellt sich heraus: Er sitzt mit heruntergelassenen Hosen auf der Toilette, die er nicht richtig abgeschlossen hatte.

Du sagst: »Die entscheidende Frage ist: Was mache ich daraus.« Gilt das auch für unangenehme Wartesituationen?

Wir entscheiden, ob wir uns ärgern oder amüsieren. Bei uns zu Hause entstehen manchmal lustige Tänze zur

Warteschleifenmusik am Telefon. Das heißt nicht, dass ich mich in lästigen Wartesituationen immer zu meinen Gunsten entscheide. Ich ärgere mich genauso oft, wie ich tanze. Selbst schuld!

Was war dein schönstes Warteerlebnis?
Meine beiden Schwangerschaften. Bei beiden Kindern war die Vorfreude groß, und zugleich gab es in der »Wartezeit« viel zu planen, zu organisieren und vorzubereiten. Eine schöne Zeit!

Wie hast du das Warten auf den Tod erlebt, als deine Mutter ins Hospiz kam?
Wer es nicht erlebt hat, kann nicht glauben, dass ein Hospiz ein wunderbarer Ort ist. Das Gegenteil vom hektischen Alltag in Kliniken. Menschen, die sterben, und die Angehörigen kommen hier zur Ruhe. Ich habe die Tage, die meine Mutter dort verbracht hat und wir mit ihr, als enorm kostbare Zeit erlebt. Meine Tochter war acht Monate alt, und die Enkeltochter meines Bruders war vier Tage jünger. Die beiden Babymädchen saßen oft vergnügt bei ihrer sterbenden Großmutter im Bett. Sie haben uns gezeigt, dass der Tod zum Leben gehört und nichts ist, worauf man voller Furcht warten muss.

Es gibt den neuen Studiengang Wartewissenschaften, und du darfst einen Professor oder eine Professorin vorschlagen. Wer sollte den weltweit ersten Warte-Lehrstuhl erhalten?
Keith Johnstone, der Begründer des modernen Improvisationstheaters. Weil es beim Improvisationstheater darum geht, Ja zu sagen, anzunehmen, was ist, und da-

raus Neues zu kreieren. Ja-Sager werden mit Abenteuern belohnt, auch in Wartesituationen.

Was erwartest du vom heutigen Tag?
Gleich fahren wir in die Kletterhalle, und ich erwarte, dass ich die Wände gut rauf- und heil runterkomme.

Wäre eine Welt ohne Warten eine bessere oder eine schlechtere Welt?
Eine schlechtere Welt, weil das Warten uns entschleunigt, Vorfreude möglich macht und uns auf großartige Ideen bringen kann, die wir ohne das Warten niemals hätten.

Das Warten gibt den Dingen, auf die wir warten, mehr Wert und Bedeutung. Zum Beispiel, wenn wir darauf warten, dass der Vorhang im Theater sich öffnet oder das Glöckchen zur Weihnachtsbescherung klingelt.

Haben sich deine Erwartungen ans Leben erfüllt?
Sogar übererfüllt. Ich hätte von mir aus nicht blind werden müssen, aber ich würde sonst nichts in meinen Leben hergeben wollen. Wer weiß, ob mein Leben genauso schön wäre, wenn ich nicht blind geworden wäre?

Es gibt die ultimative Warteliste, in die du dich eintragen kannst. Auf was würdest du gerne lange und absichtsvoll warten?
Hm ... Enkelkinder ... Aber das dürfen meine Kinder nicht hören. Sie sind erst fünfzehn und achtzehn Jahre alt. Deshalb warte ich gern noch lange.

> **Übung**

SICH IN FRAGE STELLEN

Mach es wie ein Warteberater, und denke in Ruhe über folgende Fragen nach:

1. Was war dein schönstes Warteerlebnis?

2. Stell dir vor, es gäbe die ultimative Warteliste, in die du dich eintragen kannst. Auf was würdest du gerne lange warten?

3. Auf was würdest du nie mehr wieder warten?

4. Wann hast du dich das letzte Mal gewartet?

5. Du musst mehrere Stunden auf einen Bus warten. Mit wem würdest du diese Zeit verbringen?

6. Wem solltest du endlich mal wieder deine Aufwartung machen?

7. Wartest du auf eine bessere Zukunft? Wenn ja, seit wann?

8. Haben sich deine Erwartungen ans Leben erfüllt?

9. Was erwartest du vom Rest deines Lebens?

10. Welche Abwesenheitsnotiz würdest du kurz vor deinem Tod einrichten?

Unendlich
WARTEN

Es riecht nach Weihrauch. Mehrere Menschen stehen vor dem Grab. Ganz vorn eine Frau in Schwarz. Sie schluchzt leise in ihren Trauerschleier und schüttet eine kleine Schaufel Sand in die Grube. Ein letzter Blick nach unten. Ich erwidere ihn. Der Sand rieselt auf meine Beine. Sie wendet sich ab, ihre Fußspitzen verschwinden. Ich liege auf dem Rücken, sehe den Himmel, die Wolken. Ich drehe den Kopf kurz zur Seite. Schlichtes Fichtenholz. Ganz schön eng und muffig hier. Ein paar Blumen fallen herab, erneut Sand. Die Begräbniszeremonie geht weiter. Ein kleiner, gefalteter weißer Zettel segelt auf meinen Bauch. Ich greife ihn mit meiner rechten Hand, stecke ihn mühsam in die Hosentasche. Das Schluchzen wird langsam leiser. Die Trauernden über mir scheinen sich zu entfernen. Dunkelheit umhüllt mich, jemand schiebt mich nach draußen.

Die Performance, die ich 2018 auf einem Theaterfestival in London hautnah erleben darf, ist so simpel wie genial. Du stehst als Zuschauer in einer langen Warteschlange am Einlass und weißt nicht, dass du gleich bei deinem eigenen Begräbnis gastieren wirst. Ich steige aus dem Theater-Sarg, greife in meine Hosentasche und öffne den Zettel. Da steht ein Satz von Leo Tolstoi: »Alles nimmt ein gutes Ende für den, der warten kann.«

EIN TELEFONAT MIT SVEN FRIEDRICH CORDES
Warteberater, Bestatter

Sven Friedrich Cordes ist Bestatter und führt ein Familienunternehmen in der dritten Generation. Er ist zudem Dozent, Speaker und Galerist: 2018 gründete er in Hannover-Linden die Kunstgalerie *metavier – Galerie vom Anfang und Ende*. Dort wird der Tod in all seinen Facetten zum künstlerischen Thema. 2020 war Sven telefonischer Warteberater in der *Schöner Warten*-Hotline.

Wie viele Leichen hast du im Keller?
Aktuell haben wir fünf Verstorbene bei uns in der Kühlung. Das Wort Leiche gefällt mir nicht. Es ist unpersönlich. Wir sprechen lieber von Verstorbenen. Jeder davon ist Familienmitglied, Vater, Mutter, Sohn oder Tochter und wird (meistens) vermisst. Die Angehörigen vertrauen uns das Wertvollste an, was sie haben. Damit gehen wir achtsam und vorsichtig um.

Inwiefern ist Warten der Kern deines Berufs?
Wir warten darauf, dass Menschen sterben, das ist unser Broterwerb. Die Bestattungsbranche gehört zu den

wenigen Branchen, in denen Effizienz und Rationalisierung keine große Rolle spielen. Sosehr wir uns anstrengen: Es werden nicht mehr Menschen sterben. Früher, als es noch keinen Wettbewerb zwischen Bestattungsunternehmen gab, wartete der Bestatter wie eine Spinne im Netz auf Anrufe. Wenn es zwei Wochen nicht klingelte, hat man den Azubi zur nächsten Telefonzelle geschickt. Dort prüfte er mit einem Testanruf, ob die Telefonleitung noch intakt war.

Du hast ein Feuerzeug, auf dem die Homepage deines Unternehmens steht und der Spruch: »Thank you for smoking.« Ist das mehr als ein Marketing-Gag?
Es gibt Leute, die uns Bestattern vorwerfen, wir würden uns freuen, wenn Menschen sterben – wie der Totengräber in »Lucky Luke«: Mit Dollarzeichen in den Augen misst er vor einer Schießerei die Körpergröße der Kontrahenten aus, damit er weiß, welchen Sarg er verkaufen kann. Das Leben ist tödlich, und ohne den Tod könnte ich nicht leben. Dieses Feuerzeug ist für mich ein wunderbar selbstironisches Memento mori. Eine Erinnerung daran, dass wir alle auf den Tod warten. Vielleicht bewegt es den einen oder anderen dazu, ein gesünderes Leben zu führen. Nachdem wir die erste kleine Charge verteilt hatten, habe ich Nachschub bei einem größeren Unternehmen bestellt. Die haben zunächst dreitausend Feuerzeuge für mich produziert, sie aber nicht ausgeliefert, sondern vernichtet, weil sie den Spruch pietätlos fanden. Wir versuchen beständig, den Tod zu normalisieren. Da haben wir noch viel Arbeit vor uns.

Warteten die Menschen früher anders auf den Tod als heute?

Vor der Industrialisierung sind die Menschen in den Familien gestorben und wurden von ihnen bestattet. Seit den 1890er-Jahren gibt es in Deutschland Bestattungsunternehmen. Sie nahmen den Trauernden alles ab, was unangenehm schien, aber einen wichtigen Beitrag leistete, um die Trauer zu bewältigen. Das führte dazu, dass sich die Menschen vom Tod entfremdeten und ihn verdrängten. Sie sind hilflos, wenn sie mit ihm konfrontiert werden. Früher haben Familienangehörige und Nachbarn die Verstorbenen gewaschen und angezogen. Wir versuchen, diese alte Tradition aufleben zu lassen, und ernten häufig ungläubige Reaktionen. Wir Menschen haben unser Leben lang die Angst vor dem Tod kultiviert. Als meine Mutter verstorben ist, konnte ich drei Tage lang nicht schlafen, weil ich mir unsicher war, ob ich es schaffen würde, ihren Körper zu waschen und anzuziehen. Ich habe mich getraut. Es war eine der besten Entscheidungen in meinem Leben. Die konkrete Erfahrung half mir, den Verlust zu verarbeiten. Nach diesem letzten Liebesdienst ging ich mit einem anderen Gefühl zurück ins Leben.

Gibt es bei euch ein Wartezimmer?

Wir haben einen Wartebereich mit einem antiken Sekretär, einer kleinen Bar, einigen Coffeetable-Books von Pieter Bruegel, Hieronymus Bosch oder Albert Oehlen, einem gemütlichen Sofa und einem ausgestopften Schwan. Eigentlich wollte ich meinen letzten Hund ausstopfen lassen, doch das ging leider nicht mehr. Angefixt von der Idee eines ausgestopften Tieres als

Memento mori, war für mich als Wagnerianer und Lohengrin-Fan schnell klar, dass stattdessen ein Schwan hermusste.

Darf es beim Bestatter gemütlich sein?

Das sollte es. Das Problem unserer Branche ist, dass gerade im ländlichen Raum kaum Wettbewerb herrscht. Der Bestatter weiß: Der Kunde muss zu mir kommen. Dementsprechend sehen die Geschäftsräume aus: Häkelgardinen, Urnen, die seit zehn Jahren im Schaufenster vor sich hin oxidieren, aufwändig geschnitzte Eichenholzvertäfelungen und durchgesessene Sofas. Nur wenige finden das schön – und die sterben aus. Wir müssen die Menschen mit ihren ästhetischen Vorstellungen dort abholen, wo sie sind, im Hier und Jetzt. Viele Leute sagen, dass es in meinem Büro nicht aussieht wie bei einem Bestatter. Das ist für mich das schönste Kompliment.

Ist die Fähigkeit, abzuwarten und zuhören zu können, wichtig für deinen Beruf?

Ich werde nie das Gespräch vergessen, das ich vor einigen Jahren mit einer Mutter führte, die ihre Tochter verloren hatte. Ich hörte eine gefühlte Ewigkeit zu. Jedes Wort von mir hätte sich falsch angefühlt. Und wäre zu viel gewesen. Nur durch das Zuhören kann ich einen individuellen Abschied ermöglichen. Standardphrasen oder Plattitüden gibt es bei uns nicht.

Habt ihr eine Wartehotline?

Eine Wartehotline oder einen Wartesong haben wir bewusst nicht. Wenn ich einen Angehörigen verloren hätte, würde ich es als unpassend empfinden. Wir legen großen Wert darauf, dass wir spätestens nach zwei- bis dreimal Klingeln abheben. Jeder Anruf kann von einem Menschen kommen, der ganz dringend unsere Hilfe braucht und nicht warten möchte.

Du bist auch Galerist. Warum habt ihr _metavier_ ins Leben gerufen, die Kunstgalerie vom Anfang und Ende?

Wir wollten einen niedrigschwelligen Zugang zum Thema Tod und Sterben schaffen. Alle Menschen haben Fragen an uns Bestatter, aber niemand klopft an unsere Tür, um diese Fragen loszuwerden. Die Kunst ist für uns die Vermittlerin zwischen den Welten, zwischen Leben und Tod. Die Kunstgalerie und das Bestattungsunternehmen teilen sich an unserem Standort in Linden die Räumlichkeiten und befruchten sich gegenseitig. Die Trauergespräche finden inmitten der Ausstellungen statt – die Künstlergespräche und Diskussionsrunden am Besprechungstisch. Durch diese Symbiose schaffen wir es, das wichtige Thema Tod und Sterben aus seinem Schattendasein dorthin zu bringen, wo es hingehört: in die Mitte der Gesellschaft.

Ist das Warten auf die Beerdigung vergleichbar mit dem Warten auf eine Vorstellung im Theater?

Absolut. Die Beerdigung ist eine Inszenierung mit Publikum. Eine halbe Stunde vor Beginn der Trauerfeier öffnen sich die Türen, und die Trauergäste strömen in die Kapelle. Der Sarg ist mittig aufgebahrt, Pastor und Musiker treffen letzte Absprachen.

Hast du vor Beerdigungen Lampenfieber?

Ja, jede Trauerfeier ist eine Premiere und wird ein einziges Mal aufgeführt. Da muss alles beim ersten Anlauf perfekt sein. Ich kann nicht sagen: Sorry, da ist etwas schiefgelaufen. Kommt alle morgen noch mal vorbei, dann machen wir es besser. Wir stecken viel Aufwand in die Vorbereitung und Planung und haben auf fast alle Eventualitäten eine Antwort. Trotzdem habe ich Lampenfieber und bin dankbar dafür. Es ist ein Zeichen, dass ich noch mit Leidenschaft dabei bin. Weit entfernt von Routine.

Wie lange dauert es, bis Menschen nach Beerdigungen wieder lachen oder sich neu verlieben?

Beim Leichenschmaus gibt es häufig eine gelöste, lustige Atmosphäre. Es ist der Teil der Bestattung, an dem die Überlebenden zusammenrücken. Sie schließen die Lücke, die der Verstorbene hinterlassen hat, und rufen: »Hurra, wir leben noch!« Ein vorsichtiger Anfang, um einen Weg zurück ins Leben zu finden. Und zu feiern, dass man noch am Leben ist. Viele Angehörige sagen mir, dass sie keinen Leichenschmaus veranstalten wollen. Sie empfinden es als profan und pietätlos, kurz nach der Bestattung eine solch lockere Atmosphäre zu haben. Ich hoffe, dass diese Tradition nicht ausstirbt.

Und das Warten auf die Liebe?

Früher mussten die Witwen nach dem Tod ihres verstorbenen Gatten ein Jahr lang Schwarz tragen. Damals wäre es undenkbar gewesen, von einem Warten bis zur nächsten Beziehung zu sprechen. Mittlerweile sagen viele Menschen dem Partner vor ihrem Tod, dass sie bitte keine Sorge haben sollen, sich neu zu verlieben.

Gibt es Menschen, die das Warten auf den Tod zelebrieren?

Bei einer Veranstaltung in unserer Galerie habe ich einen älteren Herren kennengelernt. Er wünschte sich, dass sein Sarg in einem hellen Gelb lackiert wird und ihm hochkant stehend zu Lebzeiten als Garderobe dient. So erinnert er sich regelmäßig daran, dass er eines Tages in diesem Sarg liegen wird. Jeder von uns wird sterben. Es ist das Normalste auf der Welt. Je offener wir mit dem Tod umgehen, desto mehr verliert er den Schrecken. Ich habe gelesen, dass ein Hamburger Reeder sich ein Mausoleum auf dem Friedhof Ohlsdorf hat bauen lassen. Dort feiert er immer seinen Geburtstag, der ihn Jahr für Jahr näher an seine Gruft bringt. Ich finde, wir brauchen mehr mutige Menschen, die selbstbewusst und selbstbestimmt mit ihrer Endlichkeit umgehen.

Was antwortest du, wenn dich jemand abends auf einer Party fragt: »Und, was machst du beruflich?«

Ich sage, dass ich Versicherungen verkaufe oder Sachbearbeiter bei einem Mittelständler bin. Ich arbeite jeden Tag daran, Tod und Sterben zu normalisieren. Aber nach Feierabend möchte ich Feierabend haben.

▷ Übung

ÜBER DEN WOLKEN

Schließe die Augen, und stell dir vor, du schaust in den Himmel.
Siehst du Wolken oder andere Gebilde?
An was erinnern sie dich?
Stell dir nun vor, du schwebst über ihnen.
Was siehst du unter dir?
Und wohin würdest du gerne fliegen?
Träum weiter ...

DANKE

Bevor das Warten hier ein Ende hat, möchte ich mich bei all den lieben, kreativen und inspirierenden Menschen bedanken, ohne die es dieses Projekt so nicht geben würde:

Ein extragroßes Dankeschön an alle Warteberaterinnen und Warteberater, die das Buch mit ihren Gedanken und Texten bereichert haben:

Andrea Wehling, Guido Rohm, Ursula Wintgens, Holger Ehrich, Thomas Poppe, Birgit Mager, Marc Wittmann, Yevgeni Viktorov, Matthias Brodowy, Monika Scheddin, Heinrich Kürzeder, Marc Wallert, Stefanie Voss, Jürgen Becker, Khalil Khalil, Vera Deckers, Stani, Bernhard Hoëcker, Boris Nikolai Konrad, René Borbonus, Frank Berzbach, Michael Gerharz, Dirk von Gehlen, Reiner Calmund, Matthias Günther, Heino Trusheim, Carsten Schneider, Aletta Jaeckel, Dörte Maack und Sven Friedrich Cordes.

Danke schön an Karen Christine Angermayer für die Hilfe bei den ersten Schritten zum Buch, an Franka Zastrow von der Literaturagentur Schlück und meine Lektorin Valérie Thieme für die wunderbare Zusammenarbeit, an Yann Ubbelohde für die zuverlässige

Kreativität, an Carsten Schneider (noch mal!) für das sehr hilfreiche Feedback während des Schreibprozesses und Thorsten Schiller für die tolle Unterstützung beim ganzen Drumrum.

Danke schön auch an alle Freunde und Kollegen, die mit der Entwicklung der *Schöner Warten*-Hotline und der *Schöner Warten*-Installation den Grundstein für das Buchprojekt gelegt haben:

Die *Servicepioniere* (Chris Mersmann, Jean Marc Lehmann, Tom Jacobs, Frank Böhle), das Team von *foolpool* (Max Auerbach, Piko Leins, Klemens Brysch, Marcus Kashougki) und die telefonischen Warteberater: Torsten Sträter, Henning Schmidtke, Anke Köwenig, Moses Wolff, Mamoudou Barry, Olaf Kröck, Frederick van der Sonne, Matthias Laschke, Judith Denz und Helmut Sanftenschneider.

Beim schönen Warten mitgeholfen haben außerdem: Birgit Bode, Jürgen Urig, Wigald Boning, Eckart von Hirschhausen, Matthias Leitner, Phil Bonney, Sonja Baum, Fiona Metscher, Daan Mackel, Christian Golbar, Claudia Saar, Guido Cuypers-Koslowski, Monika Dudler, Stefanie Toloszycki, Martin Mall, Robert Sterzik, Stefan Hermanns, Kerstin Meisner und Thomas Muderlak mit dem Team meiner Redneragentur »5 Sterne Redner«. Danke schön!

Das vorletzte Dankeschön geht an alle Menschen und Maschinen, die mich im Laufe meines Lebens haben warten lassen: Ihr habt mir unverzichtbare Feldforschung ermöglicht. Außerdem an alle, die ich vor lauter Warterei hier möglicherweise vergessen habe: Bitte fühlt euch mitgemeint.

Und ganz zum Schluss das allergrößte Dankeschön an meine Liebsten: Imke, Jakob, Till, Uschi, Detmar, Verena, Claudia, Mama und Papa. Schön, dass es euch gibt!

Dieses Buch wurde gefördert vom AUF GEHT'S KÜNST-LERSTIPENDIUM des Ministeriums für Kultur und Wissenschaft des Landes NRW sowie der GESELLSCHAFT ZUR VERWERTUNG VON LEISTUNGSSCHUTZRECHTEN aus Mitteln der Beauftragten der Bundesregierung für Kultur und Medien im Rahmen von NEUSTART KULTUR.

**Ministerium für
Kultur und Wissenschaft
des Landes Nordrhein-Westfalen**

Gefördert von:

293

AUFLÖSUNG WARTEKREUZWORTRÄTSEL VON SEITE 162

1. Hitzige Auskunft: Hotline

2. Telefonisches Bedienelement: Wählscheibe

3. Webseite mit langweiligen Videos: Napflix

4. Hilft beim Warten: Warteberater

5. Hilft beim Abwarten: Tee

6. Wichtig beim Auftritt: Timing

7. Englisches Schuppenkriechtier: Warteschlange

8. Meister des Verzögerns: Panenka

9. Kommt nicht: Godot

10. Kann schnell kommen, aber auch langsam: Abpfiff

11. Selten schön, aber manchmal nötig: Zeitspiel

12. Lässt sich nicht totschlagen: Zeit

13. Kann man im Kloster lernen: Schweigen

14. Kann man nicht putzen: Zeitfenster

15. Reflexartiges, ansteckendes Verhalten: Gähnen

16. Wartetugend: Geduld

WARTE-LEKTÜRE

Andrews, David, *Why does the other line always move faster?*, Workman Publishing Company, New York, 2015

Antony, Rachael and Henry, Joel, *The lonely planet guide to experimental travel*, Lonely Planet Publications, Vic, Australia, 2005

Cleese, John, *Kreativ sein und anders denken*, Edition Michael Fischer, Igling, 2021

Cortazar, Julio und Dunlop, Carol, *Die Autonauten auf der Kosmobahn*, Suhrkamp Verlag, Frankfurt/Main, 2014

de Maistre, Xavier, *Die Reise um mein Zimmer*, Aufbau Verlag, Berlin, 2011

Ehn, Belly und Löfgren, Orvar, *Nichtstun: Eine Kulturanalyse des Ereignislosen und Flüchtigen*, Hamburger Edition, 2012

Friebe, Holm, *Die Steinstrategie*, Carl Hanser Verlag, München, 2013

Geißler, Karlheinz, *Immer mit der Ruhe: Leben ist zu schön für Hast und Hektik,* Herder Verlag, 2021

Gräff, Friederike, Warten, *Erkundungen eines ungeliebten Zustands,* Ch. Links Verlag, Berlin, 2014

Köhler, Andrea, *Lange Weile, Über das Warten,* Insel Verlag, Frankfurt/Main und Leipzig, 2007

Kölle, Brigitte und Peppel, Claudia, *Die Kunst des Wartens,* Wagenbach Verlag, Berlin, 2019

Levine, Robert, *Eine Landkarte der Zeit: Wie Kulturen mit Zeit umgehen,* Piper Verlag, München, Zürich, 1998

Maister, David, *Psychology of Waiting Lines,* 1984

Moran, Joe, *Queuing for Beginners,* Profile Books, 2008

Partnoy, Frank, Wait, *The art and science of delay,* Public affairs, New York, 2012

Reuter, Timo, *Warten, Eine verlernte Kunst,* Westend Verlag, Frankfurt/Main, 2019

Stiegler, Bernd, *Reisender Stillstand, Eine kleine Kulturgeschichte der Reisen im und um das Zimmer herum,* S. Fischer Verlag, Frankfurt/Main, 2010

Stoletzky, Judith, *Yoga while you wait,* Becker Joest Volk Verlag, Hilden, 2018

ÜBER DEN AUTOR

Armin Nagel ist Comedy-Redner, Serviceexperte und Moderator. Das ZDF bezeichnet ihn als »Deutschlands ersten Service-Comedian«, und SAT 1 meint: »Seine Mission ist besserer Service!« Mit dem Team der *Servicepioniere* und dem Künstlerensemble *foolpool* produziert er innovative Servicekunstwerke wie die künstlerische Telefonhotline *Schöner Warten*, über die er als Keynote Speaker auf internationalen Kongressen spricht. Als Performer arbeitete Armin Nagel u. a. mit dem Theaterregisseur Sebastian Nübling, dem Biennale-von-Venedig-Gewinner Christian Marclay und dem arabischen Popstar Mohamed Mounir. Daneben entwickelte er Performances für das Schauspiel Köln und die Ruhrfestspiele Recklinghausen. Mehr Infos auf www.armin-nagel.de.

ÜBER DEN ILLUSTRATOR

Yann Ubbelohde studierte in Mannheim Kommunikationsdesign und ist selbstständiger Designer und Illustrator. Er lebt und arbeitet in Frankreich.